기억의 풍경들

기억의 풍경들

김원일 산문집

작가

제1부
단상(斷想)

겨울의 꽃 수선화 ……… 11
꽃과 여성 ……… 14
행복했던 날 셋 ……… 18
천사가 차린 밥상 ……… 21
음식 이야기 ……… 24
가을과 사색 ……… 28
새 책보 ……… 32
별의 눈망울 ……… 36
스쳐간 여자들 ……… 39
옛 시 읽기 ……… 44
크리스마스 ……… 49
하늘의 뜻 ……… 53
독도 의용수비대장 ……… 57
북한 어린이와 청소년 ……… 62
바이칼호와 이르쿠츠크 ……… 67
타지마할과 카스트 제도 ……… 71
속전속결, 교육열 ……… 75
아름다운 도시 탈린 ……… 80
뉴욕과 〈미스 사이공〉 ……… 84
케이프타운 ……… 88
고흐와 피카소 ……… 92
평화에 대한 단상 ……… 97
부일 반민족행위자 ……… 105

제2부
사진집에 붙인 글

강운구 사진의 자연 ········ 115
— 『시간의 빛』에 부쳐
70년대 서울 산동네 풍경 ········ 125
— 『김기찬 사진집—골목 안 풍경』
서울, 인공 치하 석 달 ········ 144
— 『한국전쟁 100 장면』에 쓴 글

제3부
인생과 문학

문학청년 시절 ········ 167
동리 선생님과의 인연 ········ 181
왜 문학을 하는가? ········ 190
고향 장터와 울산댁 ········ 196
고통을 선택한 여성 ········ 222

끝에 붙인 글 ········ 232

제1부
단상(斷想)

힘들게 오늘을 사는 젊은이들이여.
어릴 때나 젊을 때나 통과의례로 넘게 되는 몸과 마음의 고생(실연까지 포함해서)을 차라리 즐겨라. 이를 이겨내는 자에게는 하늘이 그 보답으로 성공의 길을 준비해 두고 있으니 부디 좌절하지 말고, 용기를 잃지 말기를.

- 겨울의 꽃 수선화
- 꽃과 여성
- 행복했던 날 셋
- 천사가 차린 밥상
- 음식 이야기
- 가을과 사색
- 새 책보
- 별의 눈망울
- 스쳐간 여자들
- 옛 시 읽기
- 크리스마스
- 하늘의 뜻
- 독도 의용수비대장
- 북한 어린이와 청소년
- 바이칼호와 이르쿠츠크
- 타지마할과 카스트 제도
- 속전속결, 교육열
- 아름다운 도시 탈린
- 뉴욕과 〈미스 사이공〉
- 케이프타운
- 고흐와 피카소
- 평화에 대한 단상
- 부일(附日) 반민족행위자

겨울의 꽃 수선화

서북풍의 한파가 몰아쳐 대지가 꽁꽁 얼어붙은 겨울이다. 1월에 있는 대한(大寒)은 겨울 중에도 가장 큰 추위가 온다는 절기이다. 그러나 우리 속담에 "소한·대한 지나면 얼어 죽을 사람 없다"는 말이 있다. 2월에 들면 얼었던 대동강 물도 풀린다는 입춘(立春)이라 겨울 추위가 아무리 위세를 떨쳐도 계절의 순환은 막을 수 없으니, 어느덧 겨울 끝자락이다.

봄은 언제부터 오는가? 모두 3월에 들어서야 봄이 시작되는 줄 알지만 겨울이 아직 꼬리를 빼지 않은 2월부터 자연은 겨울잠에서 깨어나 봄을 맞으려 준비함을 감지할 수 있다. 2월이라도 기온이 빙점 아래로 떨어져 진눈깨비가 몰아치기도 하지만 땅 밑은 이미 봄맞이 준비에 분주하다. 땅

속뿌리는 겨울이 먼저 감을 알고 활동을 시작한다. 만약 나무나 풀뿌리에 청진기를 들이댄다면 물관을 통해 수액을 빨아올리는 펌프질 소리를 들을 수 있을 것이다. 수액은 나무의 그 많은 잔가지 끝까지 흘러가서 잎이나 꽃을 피워낼 준비를 시작한다.

봄이 일찍 오는 남도에는 서북풍의 매서움에도 아랑곳 않고 매화나무·월계수나무·생강나무의 부름켜가 한껏 부풀어 꽃망울을 터뜨릴 자세다. 지구 온난화 현상으로 자연의 절기는 더욱 빨라지고 있다.

살얼음 언 개울가에는 수선화(雪中花) 줄기가 노란 꽃술을 내밀고 있음을 보게 된다. 중국은 일찍부터 하늘에 있는 것은 천선(天仙), 땅에 있는 것은 지선(地仙), 물에 있는 것은 수선(水仙)이라 할 만큼, 수선화의 그 청초한 아름다움을 높이 샀다. 그리스 신화에는 나르시스의 어원이 수선화의 아름다움에서 따온 말이다. 북풍한설의 매서움을 이겨내고 추위 속에서 아름다운 꽃을 화려하게 피우는 수선화야말로 꽃 중의 꽃으로 대접받기에 족하다.

인간은 문자시대 이래 쌓아온 지식을 통해서도 많은 깨달음을 얻게 되었으나 자연으로부터 더 많은 삶의 지혜를 배웠다. 꽁꽁 언 땅과 한랭한 대기에도 아랑곳없이 생명을 창조해내는 수선화의 인고(忍苦)를 보면, 우리가 겪는 현실의 어려움을 어떻게 이겨내야 할지 무언의 교훈을 얻는다. 참고 노력하면 반드시 목적한 꿈을 이룬다는 가르침이다.

수선화가 자연의 어떤 악조건도 이겨가며 아름다운 꽃을 피워냄을 볼 때, 오늘의 남루는 내 결심 여하에 따라 얼마든 극복할 수 있음을 깨달을 수 있다.

고난은 기쁨을 예비한, 반드시 거쳐야 할 순리라는 말도 있다. 겨울의 끝자락에 서서 다가올 봄을 대망해 본다.

꽃과 여성

　5월은 '계절의 여왕'이라고 말한다. 나무가 제 모양대로 새잎을 펼쳐 온 산과 들이 신록으로 눈부시기 때문이다. 잎눈은 잎이 되고 꽃눈은 꽃이 되어 피어나, 자연이 뽐내는 아름다움이 눈부시다.
　인생의 청년기처럼 5월은 자연이 약동하는 힘찬 계절이지만, 잎이 무성하기 전에 꽃부터 피기는 4월이 절정을 이룬다. 그러므로 4월은 '꽃의 여왕' 다운 계절이다.
　사계절이 분명한 우리나라는 겨울철인 12월에서 1월, 두 달 정도 꽃을 보기 힘들 뿐 사철 꽃이 피고 진다. 열두 달 중에서 평균기온이 영상 15도가 유지되는 4월이면 우리나라 산과 들에는 4백여 종류의 꽃이 핀다고 알려져 있다.

 4월에 피는 대표적인 꽃은 벚꽃이다. 3월 말 제주도에서부터 개화를 시작해 점차 북상하여 4월 하순이면 휴전선을 넘어 신의주에서 함흥까지 동서로 띠를 이루며 만개한다. 전국 각 지역에서는 벚꽃 피는 주일에 맞추어 '벚꽃 축제'가 열린다.

 4월이면 벚나무와 진달래나무를 비롯해, 딛고 있는 발아래를 내려다보면 풀 종류인 민들레·노루귀·복수초·꿩의바람풀 등 생명을 가진 온갖 풀이 다투어 꽃봉오리를 내민다. '수중의 여왕'으로 불리는 연꽃도 수면에서 청초한 함박웃음을 띤다. 벌과 나비가 분주하게 꽃술을 파서 꿀을 모으고, 암수를 넘나들며 꽃가루를 옮겨 씨앗을 맺게 한다.

 벌·나비·개미를 모으는 꽃을 충매화(蟲媒花)라 일컫는다. 제 혼자 힘으로는 수분을 못하기에 종자를 만들어 대를 잇자면 수분을 도와 줄 곤충이 필요하므로 꽃은 저마다 외모를 가꾸고 향기를 만들어 낸다. 그러므로 '꽃이 인간들에게 뽐내려 아름다움을 가꾼다'고 여기면 오해나. 화려한 모양과 색깔과 향기로 곤충을 유혹하려 치장하는 것이다. 나리꽃이나 백합은 벌과 나비가 꽃가루가 있는 최종 목표점까지 찾아오기 쉽게 꽃잎에다 길 같은 붉은 선을 만들기도 한다.

 여성이 향수를 애용하고, 공들여 화장하고, 목걸이와 귀걸이를 착용하는 관습은 고대까지 거슬러 올라간다. 오랜 옛적부터 여성에게는 본능적으로 예뻐 보이려는 속성이 있었다. 그 방법은 곧 향수, 화장술, 장신구의 발달과 무관하지 않다. 현대로 들어서서 얼굴형을 뜯어고치는 성형까지 대유행이다. 여성이 외모를 꾸미는 목적의 잠복된 심리는 남성의 관심을 끌려는 것이다.

꽃이 아름다움으로 치장하여 곤충의 도움을 받아 수분하듯, 여성도 남성의 도움을 받아야만 수태가 가능하다. 그러므로 남성을 유혹하려는 목적으로 아름다움을 가꾼다 해도 별 틀린 말이 아니다. 수태를 목적으로 한 모성적 본능은 '나를 더 돋보이게 가꾸지 않으면 남성을 다른 여성에게 빼앗긴다'는 경쟁적 질투심을 내면에 깔고 있다.

4월에 들로 나가면 민들레꽃이 지천이다. 우산 꼴의 하얀 고깔을 쓰고 있는 민들레꽃도 과연 꽃이라 부를 수 있을까? 4월이면 능수버들·갯버들·소나무도 꽃을 피우지만 이들 꽃을 아름답다고 말할 수 있을까? 민들레꽃·능수버들꽃·소나무 꽃은 못생긴 모양새로 피어났기에 곤충을 유혹할 수 없어 바람에 눈가루처럼 날려 종자를 퍼뜨리지 않을 수 없다. 이런 꽃을 풍매화(風媒花)라 부른다. 곤충이 아닌 바람에 의해 수분하므로 붙여진 이름이다.

민들레의 꽃대를 꺾어 입 바람으로 '후' 하고 불면 조그만 우산 꼴의 종자가 간들간들 우쭐우쭐 바람에 실려 날아간다. 곤충으로부터 버림받아 바람에 흩어지는 서러운 꽃의 마지막 길을 보는 듯하다. 예쁘지 못한 여성이 남성으로부터 외면을 당해 수태의 기회를 잡지 못하는 슬픔이 연상된다. 그러나 달리 생각해 볼 수도 있다.

"나는 곤충에게 애교 떨 필요가 없으니 외모를 가꾸지 않아. 곤충 같은 생명체가 아닌, 바람이 수분을 도와 주거든. 그러니 꽃이 못생긴 대신 바람을 타고 날아갈 수 있게 씨앗을 가볍게만 만들면 돼."

풍매화의 그런 속뜻에는 일리가 있다.

그렇다면 못생긴 여성의 경우에는 무엇이 바람 역할을 해서 모성의 본능, 수태의 기쁨을 충족시킬까?

인간을 두고 '만물의 영장'이라 말한다. 인간은 도구를 이용할 줄 알고 말과 글을 만들어 냈고, 생각한 대로 행동에 옮길 수 있는 고등동물이다. 그러므로 진정한 아름다움은 외모가 아니라 마음에서 풍겨 나온다. 마음의 아름다움은 부드러운 바람처럼 사람을 편안하게 해준다. 바람이 눈에 보이지 않듯, 교양미나 지성미는 겉으로 드러나지 않지만 눈에 보이는 아름다움 뒷면에 존재하여 훨씬 더 강렬한 아름다움을 풍긴다.

현명한 남성은 외모를 취하지 않고 풍매화처럼 교양과 지성미를 풍기는 여성의 아름다움을 알아본다.

행복했던 날 셋

텔레비전의 가정 프로에서, 평범하게 살아온 노인이 고희를 맞아 가족 잔치를 베푼 날, 사회자가 그 노인에게 물었다.

"살아온 날 중에 가장 행복했던 날 셋만 말씀해 주십시오."

노인이 눈을 껌벅이며 한참 생각을 간추리더니 행복했던 날의 추억이 떠오르는지 주름진 입가에 웃음을 띠며 대답했다.

"첫 아이를 보아 아버지가 되던 날, 그 아이를 성례시키던 날, 첫 손자를 안아보던 날이오."

노인은, 자신이 성취한 기쁜 날을 빼고 피붙이 후손이 안겨준 기쁜 날 셋만 열거한 셈이다.

일제하 식민지 시절에 태어나 해방과 전쟁 등 온갖 가난·신고를 견뎌 냈고, 산업화시대의 역군으로 허리 펼 짬 없게 일해 오며 자신을 지탱시켜 준 힘이 바로 대가족제도 울타리 속의 가정이었던 셈이다. 자신의 행복은 제쳐두고 자식 키워 가르치고, 성례시켜 후대를 잇는 보람으로 살아왔던 것이다.

그 노인에게 지난날 중에 가장 슬펐던 날 셋을 묻는다면, 부모님의 죽음, 배우자나 형제와 지상에서 이별한 날, 자식이 교통사고를 당했거나 큰 병에 걸렸을 때라고 대답할 것이다.

최근 어느 신문사가 공모한 문학상을 심사하다 젊은이의 결혼관을 다룬 장편소설에서, 요즘 젊은이의 행복한 결혼생활을 보여주는 이런 구절을 발견했다.

> 아내가 설거지하면 나는 청소기를 돌린다. 그릇 달그락거리는 소리와 청소기 돌아가는 소리가 쉬는 것이 듣기 좋다. 미처 보이지 않는 곳에서 소리들이 사랑을 나누고 있는 것만 같다. 세탁기가 다 돌아가면 같이 빨래를 널고, 빨래가 다 마르면 같이 빨래를 개킨다. 할 일이 없으면 소파에서 아내의 무릎을 베고 누워 티브이를 본다. 아내가 책이라도 읽으면 또 그 옆에 누워 빈둥거린다. 살아가는 일의 즐거움이란 로또 같은데 있는 것이 아니라 아내의 무릎에, 아내의 옆자리에 있다.

핵가족 시대에 구세대와 신세대의 가족 개념에 따른 행복관의 차이가 드러난다.

지금의 신세대가 고희를 맞았을 때 살아온 세월 동안 행복했던 날 셋을 나름대로 상상해본다. 입시 경쟁보다 더한 관문을 뚫은 직장에 첫 출근한 날, 신혼여행으로 해외 휴양지에서 맞은 첫날밤 테라스에서 와인 홀짝이며 나란히 앉아 바라본 놀빛 물든 바다, 첫 아이가 태어났던 날, 그 정도가 아닐까?

종교인이 주로 하는 말이지만, 삶은 세상이란 고해(苦海)를 혼자서 헤엄쳐 나가기이다. 사람은 태어난 뒤부터 누구나 생존경쟁으로 부딪으며 살아갈 동안 온갖 풍파를 체험한다. 이를 이겨내는 힘은 불행이란 구름 사이에서 해가 반짝 들 듯, 행복했던 날 한순간을 끊임없이 반추하는 일이다. 그 행복은 대체로 사회생활을 통해 얻어지는 기쁨이 아니라 가족, 가정을 통해 느끼게 된다.

행복한 날을 열 번, 백 번쯤 만들겠다는 각오로 오늘을 살면, 훗날에 맞을 고희 때는 행복했던 날의 추억으로 넘칠 것이다.

천사가 차린 밥상

'내 죽어 하늘로 올라가면 내가 살았던 세상이 아름다웠다고 말하리라'고 노래한 「귀천(歸天)」의 시인 천상병(1930~1993)은 그 아름다운 시 한 편만으로도 오래 회자될 것이다. 천상병 시인이야말로 평생을 무소유(無所有)로 일관하며 어린아이 마음으로 한평생을 살다 갔다. 친구들 직장 사무실을 돌며, 더도 덜도 아닌 막걸리 딱 한 사발 값만 얻으러 다닌 일화는 유명하다.

그 시대를 함께 산 김종삼(1921~1984)이란 시인이 있다. 황해도 은율에서 태어나 평양에서 살다 1947년 월남한 이 분 역시 평생을 가난하고 외롭게 살며 변변한 직업도 없이, 돈이 안 되는 시만 썼다. "나는 제대로 된

시인이 아니고 시 같은 걸 그저 끼적거릴 뿐"이라며 겸손해했고, 어느 자리에서나 뒷전에서 베레모에 파이프 물고 수줍은 모습으로 서있었다. 유일한 취미가 고전음악 감상으로 음악에 심취한 시를 많이 남겼다.

김종삼의 시 중에 「장편(掌篇)·2」란 시가 있다. 많은 의미를 함축한 짧은 전문을 옮기면 이렇다.

> 조선총독부가 있을 때
> 청계천변 10전 균일상(均一床) 밥집 문턱엔
> 거지 소녀가 거지 장님 어버이를
> 이끌고 와 서 있었다
> 주인 영감이 소리를 질렀으나
> 태연하였다
>
> 어린 소녀는 어버이의 생일이라고
> 10전짜리 두 개를 보였다

새로 단장된 오늘의 청계천이 있기 전, 일제 때의 청계천변에는 서민들의 시장이 섰고, 서민들이 애용하던 허름한 식당이 흔했다. 그런 밥집으로 들어선 추레한 거지 부녀를 보고 주인장은 대뜸, 손님 떨어진다며 썩 물러가라고 소리친다. 소녀는 오늘따라 태연자약하다. 왜냐면 오늘은 청계천변 식당에 동냥 온 거지가 아니고 동냥하여 번 돈으로 생일 맞은 장님 아버지께 식사 한 끼를 대접하려는 당당한 손님으로서 들어선 것이다.

생신 맞은 아버지께 구걸로 얻은 밥이 아닌 정식으로 밥상 한번 차려주고 싶다는 소녀의 효심이 절절하게 밴 시다. 어린 거지 소녀는 앞 못 보는 아버지의 지팡이가 되어 늘 동냥질하고 다니기에, 장님 아버지의 눈을 뜨게 해주겠다며 공양미 삼백 석에 팔려간 심청의 효심보다 더 갸륵한 마음씨다.

사랑의 마음가짐은 어떠한 곤경도 넘어선다. 한 대상을 사랑할 때 가난은 장애가 되지 않는다. 5, 60년대 우리 모두가 가난했을 시절, 가정은 더 화목했다. 부모 자식 간이, 형제간이 사랑으로 뭉쳐 조금씩 더 나아질 내일을 바라보며 오늘의 가난을 이겨나갔다.

최빈곤국들의 행복 지수가 선진국보다 오히려 높다는 사실은, 비록 물질적으로는 가난하지만 삶을 향한 열망이 가족의 유대감을 결속시켜주기 때문이다. 우리나라 역시 지엔피 상승으로 살림살이가 풍요로워지자 부모와 자식 간이, 형제간이 돈 문제로 다투고 서로 질투하며 시기한다. 이기심으로 정이 메말라 혈육 간의 상해 사건과 살인 사건도 일어난다.

어린 거지 소녀야말로 장님 아버지의 지팡이를 넘어서서, 날개를 단 '천사'의 효행이다. 10전짜리 싸구려 밥상이지만 장님 아버지 생신을 맞아 부녀간에 마주앉아 받는 그 밥상이야말로 행복 지수로 따진다면 세계 최고 부자의 진수성찬보다 더 높을 게 분명하다. 왜냐하면 천사가 차린 사랑의 성찬이기 때문이다.

음식 이야기

 통계상으로 국민소득이 1,500달러를 넘어서면 사람들의 관심은 세 가지 문제에 집중된다고 한다. 음식·사랑(性)·건강이다.
 세상 형편이 먹고살 만큼 자족하면 인간의 현실적인 욕망은 그 세 가지 문제에 귀결되고, 세 가지 모두에 만족한 생활을 한다면 세속적인 측면에서 이 세상에 파라다이스가 따로 없다. 중진국을 넘어선 모든 나라 국민은 너나없이 그 세 가지 문제에 매달려, 보다 나은 개인적 행복을 추구하려 애쓴다.
 우리나라도 예외가 아니다. 수십 종의 티브이 채널을 리모컨으로 작동하다 보면 맛깔난 식당 소개, 신기한 맛을 찾아 국내외로 뛰는 먹을거리

여행담, 맛을 내는 요리 방법 프로를 늘 시청할 수 있다.

궁중 사극 〈대장금〉이 홍콩에서 인기리에 막을 내렸는데, 최종회가 방영된 날 시청률이 50프로를 넘어 종전의 히트 기록을 갈아치웠다고 한다. 이 궁중 사극은 임금이 먹는 음식 이야기에 적당히 사랑 이야기를 양념해서, 한국에서 방영될 때도 큰 인기를 끌었다. 세끼조차 제대로 챙겨 먹지 못했던 시절인 60년대에 이런 음식 이야기가 방영되었다면, "그림의 떡처럼 먹지도 못하는 걸 보여 주니 사람을 우롱하는 짓거리가 아니냐"며 시청자들의 비난이 쏟아졌을 것이다.

지금의 나이 든 세대만이 삼시 세 끼니를 제대로 못 챙겨먹던 그 시절을 기억할까, 지금은 영양 과다 시대에 살고 있다. 기름진 음식 섭취와 과식에 따른 영양 과잉으로 비만해지자 각종 성인병에 걸릴 위험이 커졌다. 다이어트, 적절한 운동요법, 저칼로리 식단 짜기, 무공해 자연식품 찾기로 건강한 신체를 만들려 너도나도 신경을 곤두세운다. 더욱 여성의 경우 개미허리에 두루미 다리처럼 날씬해지고 싶은 욕망으로 인간의 욕구 중 가장 우선되는 먹는 욕망, 탐식(貪食)을 억제하려 가히 필사적이다.

드라마나 영화에서는 사랑 타령과 섹스가 범람한다. 남녀 간의 순수한 사랑을 다룬 〈겨울연가〉는 일본 티브이에서 최고의 시청률을 기록했다. 인생을 즐기며 달콤하게 사는 방법은 '사랑의 발견'이 최상이요, 엔도르핀은 사랑할 때 가장 왕성하게 생성된다. 삼시 세끼를 진수성찬으로 먹어도 사랑이 없는 세상은 살맛이 없기도 하다. 진수성찬으로 늘 잘 먹는 만큼 섹스의 욕망은 배가된다.

　그 두 가지를 다 충족한다 해도 건강이 몸을 지탱해 주지 못한다면 모두가 허사이기에 사람들은 건강하게 살기 위해 시간과 돈을 아끼지 않는다. 〈생로병사의 비밀〉이란 프로가 인기를 끌고, 질병에 대한 각종 정보와 건강을 유지하기 위한 운동 방법이나 다이어트 프로에 시청자의 관심이 쏠릴 수밖에 없다.

　도시인들이 바쁜 직무와 인간관계, 도시 공해로 스트레스를 받다 보니 건강에 관한 정보에는 민감하게 반응한다. 스포츠센터, 테니스장, 골프장의 이용객들이 나날이 늘고, 주말이면 도시 근교 산이 등산객으로 몸살을 앓는다. 건강식품 매출액이 해마다 늘고 있다.

　지금 북한 실정이 우리가 힘겹게 넘긴 50년대 그 시절보다 더 어렵다고 한다. 90년대 후반 최악의 식량 부족 사태로 탈북자 행렬이 만주로 줄을 이었고, 줄잡아 3백만 명이 굶주림과 질병으로 죽었다고 전해진다. 그들은 그 시기를 '고난의 행군'이라 칭했고, 영양실조에 걸린 탁아소 어린이들의 모습과 꽃제비의 구걸 장면이 세계에 알려진 후 답지한 구호품으로 겨우 위기를 넘기기도 했다.

　한겨레 한 피붙이인 북한 주민의 어려운 식량 사정을 알면서 티브이를 통해 음식 타령을 보자니 왠지 마음이 편치 못하다. 문득 공자의 말씀 하나가 귀를 솔깃하게 한다. 공자는 여러 제자를 두었는데, 그중 안회를 특별히 사랑했다.

"회는 가난한 동네에서 한 그릇의 밥과 한 모금의 물로 살지 않느냐. 사람들은 빈궁을 참지 못하는데, 회는 이를 즐거움으로 아니, 어질구나!"

자신을 낮추어 가난한 사람들과 함께 근검하게 사는 데 인생의 참뜻이 있다는 말씀이고, 이는 곧 지나친 탐심을 경계하라는 가르침이다. 탐식 또한 건강을 해치는 독임을 깨달아야 할 것이다.

가을과 사색

    8월 내내 찜통더위가 계속되다 9월에 들어 어느 날 갑자기, "나 왔어" 하듯 하루 사이 가을이 찾아왔다. 아침저녁으로 짧은 소매가 선득해졌다. 바쁜 도시 생활에 갇혀 자연을 잊고 살아도 계절의 순환은 어김없이 찾아와 세월이 물같이 빨리 흐름을 알린다.

    봄은 여성의 계절, 가을은 남성의 계절이라고 한다. 농경시대에는 자연과 가까이하며, 자연을 통해 모든 것을 얻었다. 봄은 생명의 탄생과 성장을 준비하는 절기임으로 모성(母性)으로서 여성답다면, 가을은 남성이 여름내 구슬땀을 흘리며 일한 끝에 수확을 맞는 절기라 그렇게 이름 붙여졌는지 모른다. 가을은 수확의 기쁨 끝에 휴식이 찾아오는 절기이다. 가을에 들면 낮 햇살은 따뜻 포근하고 소슬바람이 부드럽게 불어 알알이 맺힌 열매의 속살을 여물게 한다.

가을이란 절기가 안겨주는 의미 속에는 삶의 비밀스런 의미 또한 함축하고 있기에 자연 속으로 나서보아야 한다. 가을이 열매를 여물게 하듯, 이 가을에 우리는 정신 또한 여물게 다져놓아야 북풍 매서운 겨울을 이겨낼 수 있기 때문이다. 연인끼리, 부부끼리 손잡고 만사를 제치고 자연 속으로 들어가 볼 일이다. 주말을 이용해서 걸음 가볍게 나들이해보라. 시원(始原)으로 탁 트인 망망한 가을 바다도 좋고, 깊어지는 물소리에 귀 기울이며 코스모스 길 따라 걸어도 좋고, 억새 너울대는 단풍 든 산으로 올라도 좋다.

인적 뜸한 철시된 가을의 바닷가를 거닐면, 지난여름의 작열하는 태양과 짙푸른 바다, 그 상극의 조화가 만들어내던 축제와 열정의 자취를 떠올리게 될 것이다. 젊음의 더운 피가 분출되던 모래톱에는 이제 물새 발자국만 남았을 뿐이다. 인생 역시 절정이 있고 하강이 있다. 지난여름의 바다에서 정열을 낭비하고 돌아와 내 삶을 재충전했는가? 가을의 빈 바다는 또 다른 각성으로 나를 한 계단 성숙시킬 것이다. 바람에 키를 세우는 지중해 바다를 보며 시인 발레리는, '바람이 부니 나는 다시 일어나야 한다'고 읊었다.

만산홍엽의 가을 산이야말로 자연이 만들어 내는 절정의 자기 분신(焚身)이다. 빨갛게 물드는 단풍은 복자기·고로쇠나무·피나무·버즘나무다. 두 가지 색 사이에 갈색으로 말라가기는 물참나무가 있다. 타오르는 단풍색은 소나무 · 전나무 · 눈잣나무가 계속 푸름을 뽐냄으로 조화의 운치를 더한다.

생의 마지막 절정을 불사르는 단풍은 늘 푸른 젊음과 섞여 있어야 더욱 값져 보인다. 인생 또한 단풍처럼 노년이 아름다움으로 타올라야 한다. 아름다운 노년은 세월이 안겨다준 자연스러운 도착지가 아니다. 내 젊음의 시간대를 어떤 일에 최선을 다했느냐에 따라 노년기에 충만한 행복이 찾아온다. 가을 산의 단풍은 인간의 여정에 그 점을 시사해준다.

가을은 낮이 차츰 짧아지고 밤이 길어진다. 절기의 그런 변화는 우리네 삶과도 무관하지 않다. 활동하는 낮 시간이 짧아지고 생각하는 밤 시간이 길어진다. 생각이 깊어지면 우주의 섭리와 인간의 운명에 대해 자주 비감(悲感)한 생각에 잠기게 된다. 지는 낙엽을 보며 자연의 순환을 생각하다보면 인간의 운명 역시 그 순환의 고리 속에 연결되어 있음을 느낀다. 인간은 누구나 생로병사(生老病死)의 순환 질서에 따라 새 생명이 태어나고, 낙엽처럼 한 줌 흙으로 돌아간다.

가을이면 괜히 마음이 안정을 못 찾아 포도의 낙엽처럼 이리저리 서성인다. 지는 가을처럼 문득 인생의 한살이도 그리 길지 않다는 생각이 든다. 그런 감정은 불현듯, 따뜻한 난로처럼 누군가를 사랑하고 싶다는 느낌에 사무치게 한다. 연인을, 내 가족을, 내 주변에 있는 모든 대상을 보다 더 적극적으로 껴안고 사랑해주리라는 욕망이 샘솟는다. '인생의 시간' 은 미워하기보다 사랑할 시간조차 그리 많게 남지 않았다는 자각을 홀연히 깨우치게 되는 것이다.

밤이 긴 그런 깊은 시간에는 독서가 마음을 안정시킨다. 옛 사람들도 가을밤에 등불의 심지를 돋우고 책을 읽었다. 젊은 시절 열병 앓듯 읽는다는 에밀리 브론테의 『폭풍의 언덕』이나 토마스 하디의 『테스』를 다시 읽어도 좋으리라. 사랑의 본질에 대해, 그 환희와 고통을 그토록 실감나게 그려낸 소설은 없었다. 그래서 지금도 읽히는 사랑의 묵시록이다.

요크스 지방의 황량한 언덕에 히스클리프와 캐스린이 폭풍과 맞서서 맺어질 수 없는 사랑의 숙명을 절감하는 브론테의 소설이나, 테스의 수난에 찬 인생 역정은 사랑의 애증(愛憎)만이 아니라, 자신의 가혹한 운명과도 맞서서 싸워야 하는 모습을 절절하게 보여준다. 사랑은 기쁨의 환희만큼 고통을 수반한다. 사랑이 주는 고통을 모른다면 환희 또한 거짓일 것이다. 지난여름, 고요하던 바다가 태풍을 만나자 무섭게 일어섰다. 인생도 그렇다.

가을밤 등불 가까이에 호젓이 앉아 소월·윤동주·한용운의 시, 김동리·황순원의 단편집을 펼쳐도 좋다. 우리네 정서를 깊이 있게 그려낸 여운이 긴 문학작품들이다.

새 책보

    우리 가족은 서울에 살다 전쟁 때 아버지와 헤어져, 적수공권으로 피란을 나와 대구에 정착했다. 전쟁이 휴전으로 매듭지어진 직후인 1954년에 나는 시골 고향에서 대구로 나와 중학교에 들어갔다.

    나는 중학교 1학년 때부터 고등학교 2학년 때까지 신문 배달로 학비를 충당했다. 어머니가 나를 거리에 내보내, 무슨 일이든 네 힘으로 돈을 벌어보라고 한 데는 내 수입보다도 세상 물정이 어떤지를 일찍 알게 하려는 의도에서였다. 아버지가 가정을 제대로 돌보지 않고 허랑하게 밖으로만 나돌다 사라졌기에 어머니는 맏아들인 나를 강하게 키우려 마음먹었던 것이다.

중학교 3학년 때였다. 지금은 없어진 신문이지만 석간신문이었던 《대구일보》를 배달했다. 배달 구역은 대구 중심부인 삼덕동과 동인동으로, 중산층이 많이 살던 주택가였다. 살림살이가 남보다 조금 넉넉하다 해도 전쟁 끝난 지 얼마 되지 않았던 당시로서는 신문 보는 집이 흔치 않아 1백 미터는 좋이 걸어야 구독자 집이 나서곤 했다.

방과 후 책보를 낀 채 당시 삼덕동에 있던 대구일보사로 가서 1백 부 정도의 신문을 중부보급소장으로부터 인계받아선 세 시간쯤 열심히 다리품 팔면 배달을 마칠 수 있었다. 그런데 늘 문제가 되기는 거추장스러운 책 보퉁이였다. 당시는 책가방 든 학생이 흔치 않아 너나없이 책보에 책을 싸서 들고 다녔다. 그러다보니 책 보퉁이는 거추장스러운 짐이었다. 거기에다 집집마다 신문을 넣을 때면 책 보퉁이를 땅에 내려놓은 뒤 끼고 있던 신문 한 장을 뽑아 대문 사이로 밀어 넣어야 했다. 비가 오는 날이면 책 보퉁이를 젖은 땅에 내려놓을 수 없어 난처했다.

신문 배달 순서로 다섯 번째쯤 되는 집을 두고 이웃에서는 '교장 선생집'이라고 불렀는데, 그 집에 들를 때면 가정이 화목해 웃음소리가 끊이지 않았다. 늘 대문을 열어 두어 안채 대청마루까지 신문을 갖다 주곤 했다. 여름이면 식구가 대청에 나앉아 수박이나 참외를, 가을철이면 감자나 군밤을 간식으로 먹다 내가 나타나면, 고학생이 수고한다며 먹을거리를 권하곤 했다. 사양하며 얼른 돌아서도 사모님이 대문간까지 따라 나와, 배달하며 먹으라고 책보 사이에 주전부리감을 끼워 주곤 했다. 중학교 3학년이었지만 몸이 수수깡처럼 여윈 데다 안색이 핼쑥해 그들 식구 눈에는 내가 그 흔한 전쟁고아 고학생쯤으로 보였던 모양이다.

나는 언제나 따뜻이 대해주는 교장 선생 집의 마루 귀퉁이에 책 보퉁이를 맡겨두었다. 배달을 마치면 책 보퉁이를 찾아 집으로 돌아오곤 했다. 그러던 어느 날이었다. 배달을 마치고 맡겨 두었던 책 보퉁이를 찾으러 가니 책보가 바뀌어 있었다. 내 책보는 허름한 무명으로 재색이었는데, 하늘색 새 책보에 책이 싸여 있었던 것이다.

"책보에 구멍이 났기에 기워 주려고 빨아서 저기 널어놓았다. 내일 올 때 가져가렴."

사모님이 말했다. 내 헌 책보는 빨랫대에 널려 있었는데, 아니나 다를까 구멍이 나 있었다. 보자기에 책이나 공책을 쌀 때 구겨지지 않도록 하려 바닥에 책받침이나 두꺼운 마분지를 깔았는데, 그 모서리에 닳아 구멍이 났던 것이다. 얼굴이 확 달아오른 나는, 새 책보는 돌려주고 헌 책보는 집에 가져가서 깁겠다며 황급히 책보 매듭을 풀었다. 마루에 사복 차림을 한 머리 땋은 여고생이 웃고 서 있어 나는 더욱 부끄러웠다.

"그 책보는 선물이니 그냥 써도 좋아."

여고생 누나가 한사코 말려 나는 하는 수 없이 하늘색 보에 싼 책 보퉁이를 들고 교장 선생 집을 나왔다.

신문 구독자 중에는 책 대본 가게를 하는 분이 있었다. 나는 대본 집 주인에게 공짜로 소설책을 빌려 집에서 읽곤 이, 삼일 뒤에 돌려주곤 했다.

그날도 대본 가게에 들러 빌린 책을 돌려주려 새 책보를 풀었다. 여러 사람이 빌려 읽다 보니 누런 부대종이로 겉장을 싼 소설책으로, 이광수의 소설 『흙』인가 『사랑』인가 그랬다. 그런데 책을 꺼내는 순간 흰 종이쪽지와 지폐 한 장이 바닥에 떨어졌다. 흰 종이에는 단정한 글씨가 쓰여 있었다.

열심히 공부해서 훌륭한 문학가가 되어라.
적은 돈이지만 학용품을 사는 데 보태 쓰렴.
— 어느 누나가

별의 눈망울

여행길에 올라 몽골에서 일주일을 보낸 적이 있다. 일행은 울란바토르에서 교외로 나가 유목민의 숙소인 파오에서 사흘 동안을 생활했다. 여름이라 밤에는 야외에서 화톳불을 피우고 둘러앉아 양고기를 안주 삼아 그들의 독주인 '칭기즈칸'에 대취했는데, 누군가가 하늘을 올려다보더니 감탄했다.

"저, 별 좀 보라구!"

사방은 낮은 구릉인데, 그 위로 더없이 넓은 하늘에 보석처럼 박힌 영롱한 별들이 쏟아져 내릴 듯 반짝이고 있었다. 한 시선 가득 잡히는 그렇게 많은 별을 보기가 실로 오랜만이었다.

지방에서 대학을 졸업하고 서울에서 산 지가 40년이 가깝다. 그동안 나는 몇 차례나 밤하늘의 별을 보았던가. 아니, 도심의 빌딩 사이를 다람쥐 쳇바퀴 돌듯 오가며 살아올 동안 하늘에 뜬 별을 볼 겨를이 없었다. 빌딩 숲과 현란한 불빛은 별의 자취마저 가려버렸다.

인간이 육안으로 볼 수 있는 별의 수효는 대략 6천 개로 알려져 있다. 그나마 도시에서 볼 수 있는 별은 1천 개 정도라고 한다. 우주에 강처럼 흐르는 은하수를 육안으로 볼 수 있지만 이는 별의 형태로 눈에 들어오지 않는다. 천문학자의 말에 의하면 우주의 별은 대략 4백억 개라 한다.

별이 처음으로 내게 인상 깊게 다가온 것은 전쟁이 났던 1950년 그해 늦가을, 서울을 떠날 때였다. 당시 서울에 살았던 우리 가족은 인공 치하 3개월을 서울에서 넘겼다. 아무리 기다려도 집 떠난 아버지는 소식이 없기에 우리 식구는 하는 수 없이 고향인 경상도로 내려가기로 결정했다.

어머니와 아우 둘은 뒤에 내려오기로 했기에 누나와 내가 먼저 집을 나섰다. 주먹밥 몇 개를 의지 삼아 천장 없는 무개열차를 타고 남행길에 올랐다. 피란민 사이에 끼여 저 남도 고향 땅으로 내려갈 때, 추위와 굶주림 속에 떨며 보았던 밤하늘의 별들은 정말 따스했다.

'저 별들의 세계는 전쟁도, 추위도, 굶주림도 없겠지.'

여덟 살 때 무개차에 실려 내려가며 보았던 그 별을 나는 잊을 수가 없었다.

중공군이 참전하기 직전 어머니와 두 아우도 무사히 고향으로 내려왔다. 고향에 정착을 못한 어머니와 형제들은 대구로 나갔다. 나만이 초등학교를 졸업할 때까지 고향에서 보냈다. 그 시절 고향의 밤하늘에 뜬 별을 자주 보았다. 그때만도 우주는 넓었고 하늘에 무수히 뜬 별들이 초롱초롱 빛났다.

  대구에 정착한 어머니가 더러 막내아우를 엎고 고향을 다녀가곤 했다. 전쟁동이로 태어나 25세의 애젊은 나이로 요절한 막내아우를 두고 나는 이런 짧은 시 한 편을 쓴 적이 있다.

> 마당에 모깃불 피워 놓고
> 아우와 나는 별을 보았지
> 내 도시로 떠돌 동안
> 아우는 별이 되고
> 나는 별을 본 적 없으니
> 나이 들자 보이는
> 별 하나
> 눈짓하는 눈망울

스쳐간 여자들

갑년 넘게 살다보니 기억이 가물가물해져 이제 그 모습조차 분명한 윤곽으로 떠오르지 않는, 그러나 기억의 갈피에 흐릿한 모습으로나마 남은 얼굴이 있다. 아이 적부터 성년이 되어 살아올 동안 만났던 많은 사람 중에 한 사람인데, 잠시 나를 스쳐간 적이 있었으나 오래전에 소실점 밖으로 사라진 사람의 모습이다. 그런 경우를 잊힐 듯한데 영 잊히지 않는 먼 그리움이라고 해야 할지.

그 사람에 대해 잘 알지 못하기에, 안개 속같이 미지의 인물임에도 오랜 동안 잊히지 않고 문득문득 생각나는 사람이 있다. 살아생전 두 번 다시 만날 수 없기에 기억의 끈에 끈질기게 매달려 있는지도 모른다. 그 대상이 이성(異性)인 경우가 특히 그렇다.

내가 다닌 고향 읍내 초등학교는 남학생 두 반에 여학생이 한 반이었다. 오 학년 때 봄으로 기억된다. 어느 날 운동장 전체 조회 시간에 우연히 단발머리 소녀와 눈이 마주쳤다. 나는 읍내 중심부 장터에 살았고 소녀는 뜸마을에서 학교에 다녔고 한 반도 아니었기에, 서로는 낯이 설었다. 별 예쁘지도 않은 평범한 시골 소녀였다. 그런데 이상했다. 운동장에서 전체 조회가 있을 때마다 그 소녀의 모습을 찾았고, 더러 서먹하게나마 눈을 맞출 수 있었다. 한마디도 말을 걸어 본 적 없었기에 소녀 이름도, 사는 마을도 알 수 없었다.

고향을 떠난 후에도 오랫 동안 그 소녀가 잊히지 않았다. 당시 여학생 대부분은 초등학교로 학교 공부를 끝냈다. 마산이나 부산으로 유학을 떠나는 여학생은 한둘, 읍내에 있는 남녀 공학 중학교에 진학하는 여학생 수래야 한 반에 열 명이 못되었다. 그러므로 나와 눈을 맞춘 여학생은 초등학교를 끝으로 집안에서 농사일과 가사를 돌보다가 시골 농사꾼 처가 되었을 것이다. 성인 된 뒤 그 소녀가 떠오르면 아들 딸 낳고 잘 사는지, 때때로 궁금했다.

*

초등학교를 졸업하자 고향을 떠났지만 중·고등학교 시절 방학 때면 고모네가 살고 있던 진영에 자주 들렸다. 중학교 삼 학년 여름방학 때였다. 예전에는 진영에 살았으나 내가 초등학교 때 집안이 통영으로 이사를 갔는데 모처럼 친척집에 다니려 고향에 들렀던, 누나뻘 되는 여고생을 만났다. 그 누나는 요즘 말로 '몸짱'에 '얼짱'이었다. 활짝 피어난 미모와 몸매가 모란꽃처럼 화사해 장터 머슴애들의 선망의 대상이 되었다. 통영여고 수영 선수라는 긴가민가한 소문이 돌았다.

진영에 살았던 코흘리개 시절 담 건너 이웃에 산 소꿉동무였기에 나는 '자야 누나'라 불렀던 그 여고생을 이미 잘 알고 있었다. 원래 진영이 고향이었는데 가족이 살 길을 찾아 일본으로 들어갔다 해방 후 귀국해 우리 옆집에 살았었다. 우리 가족이 솔가하여 상경했다 전쟁을 만나 고향으로 다시 내려온 뒤, 자야 누나네는 통영으로 이사를 갔다.

그러다 활짝 핀 처녀 모습으로 다시 만났으니 이제 서먹해져 말조차 걸 수가 없었다. 내성적이었지만 나 역시 사춘기를 맞고 있었다. 자야 누나는 일주일 정도 읍내 장터 친척집에 머물다 통영으로 돌아갔다.

오랜 동안 자야 누나 모습이 눈앞에 늘 그려졌고, 나중엔 그리움으로 변했다. 모란꽃같이 화사하게 아름다웠으니 부잣집 맏며느리로 간택되어 시집갔을지 모른다. 나는 소설에서 변형된 모습으로 자야 누나를 담아본 적도 있었다.

　고등학교 시절 여름방학 때였다. 당시 고모부는 진영읍에서 6킬로미터 떨어진 한림정 수리조합에 근무하고 있어 고모네 역시 한림정에 살았다.
　어느 날 나는 읍내 장터에서 밤길을 나서서 고모님 댁이 있던 한림정으로 가게 되었다. 읍내에서 한림정 쪽으로 펼쳐진 들판은 김해평야에 버금갈 정도로 넓었다. 수로(水路)가 발달되어 사방으로 연결된 방죽 길 따라 시간 반쯤 걸으면 한림정에 도착할 수 있었다.
　「메밀꽃 필 무렵」을 연상하지 않아도 달빛 푸른 7월 하순의 들길 걷기는 무척 목가적이었다. 밤을 우는 이름 모를 새와 풀벌레 소리를 들으며 반딧불을 쫓아 방죽 길을 쉬엄쉬엄 걸을 때, 한 모롱이를 돌아가면 도란도란 모여 앉은 마을의 불빛이 나서곤 했다.
　한림정이 얼마 남지 않아, 멀리로 그곳 장터 마당의 불빛이 보이는 데까지 왔을 때였다. 방죽 길 맞은편에서 누군가 걸어오고 있었다. 샛길이 따로 없어 어차피 스쳐가야 할 터였다. 지겟짐으로 지지 않고 머리통에 무엇인가 이고 있어 여자가 분명했다. 서로의 거리가 이삼십 미터쯤 가까워졌을 때, 희미한 달빛 아래 드러난 자태는 혼자 밤길을 나선 흰 저고리에 무명 치마 입은 처녀였다. 오늘이 한림정 장날이라 장을 보고 가는 길일까, 제사 음식을 친척집에 돌리려 나선 걸음일까, 나는 잠시 그런 생각을 했다. 드디어 처녀가 내 옆을 스쳐갔다.

달빛을 받아 어둠 속에 희미하게 떠오른 처녀는 스무 살 전후로 보였다. 머리 땋은 통통한 모습이었다. 처녀가 아무렇지 않게 옆을 스쳐간 뒤, 나는 분명 무슨 향기 같은 걸 설핏 느꼈다. 분내였을까? 아니다. 분내보다 약하게 은은한, 그 어떤 체취였다.

그 처녀가 옆을 스칠 때 후각으로 느낀 냄새가 분 향기인지 그녀의 체취였는지 정확하게 짚어낼 수 없다. 농사일로 허리 한번 펼 짬 없이 바빴고 춘궁기가 있던 그 시절, 시골 처녀가 분 찍어 바른다는 건 사치였다. 그렇다면 여자 냄새, 아니, 처녀한테서만 풍기는 땀내 섞인 그런 '몸내'였으리라.

7월 하순의 습기 머금은 훈훈한 밤, 들길을 걸으며 무심코 스쳐간 그 처녀의 몸내를 그 뒤 오랜 동안 잊을 수 없었다. 틀림없이 어느 순박한 농사꾼의 근면한 처가 되어 여럿 자식을 두었으리라. 다산 체질의 농부(農婦)를 생각할 때마다 그 옛적 그 치녀가 떠올랐다

인생이란 그런 것이 아닐까. 알 듯 모를 듯 스쳐간 사람을 오랜 기억에 묻어둔 채 때때로 그리워하는, 그 야릇한 소매깃 스친 인연 같은 것….

옛 시 읽기

　지난여름의 더위는 '장렬함과 위대함'을 넘어서서 가히 살인적이라 할 만했다. 지구의 온난화 현상이라지만 추석을 넘겨 추분(秋分) 절기에도 한낮에는 30도의 더위가 계속되었다. 우리나라 위도가 적도 가까이 옮아갔나 의심이 들 정도였다. 그러나 계절의 변화는 속일 수 없어 요즘에 와서야 가을이 왔음이 실감난다. 만산이 단풍으로 물들고 청량한 바람이 대기를 누빈다.

　가을을 왜 독서의 계절로 삼았을까? 한 해를 마무리하는 의미에서 이래저래 생각이 깊어지고, 길어지는 밤 시간은 책읽기에 알맞기 때문일 것이다. 등화가친(燈火可親)이 그래서 생긴 말이요, 가을은 사색의 계절이기도 하다. 가을밤 등불을 가까이하여 책장을 들추며 한 잔의 와인을 마시기에 어울리는 계절이다.

독서가 직업이 되다시피 했지만 나는 가을에 주로 시집을 펼쳐든다. 판매 부수와 상관없게 한 달이면 1백 권 넘는 신간 시집이 쏟아진다. 어느 외국 문학가가 말했듯 한국은 시인 공화국이다.

그저께 『한시(漢詩) 미학(美學)과 역사적 진실』이란 책을 읽었다. 그중 조선조 말 일본의 조선 침탈이 가속화될 때 온몸으로 저항하다 왜군에 잡혀 처형당한 이남규(1855-1901)의 한시(漢詩) 중에 이런 시를 발견했다.

어찌하면 뜬 영화를 버리고
길게 노래하며 돌집으로 돌아갈꼬

봄에는 들에 나가 뽕나무, 삼을 심고
가을엔 강에 나가 마름, 연밥 따티리

넉넉히 노닐면서 한 해를 마치려니
가난한 삶이라고 어찌 싫어할소냐

이남규가 30대 초반에 나라꼴이 어지럽자 벼슬을 버리고 낙향의 꿈을 읊은 한시를 번역한 시다. 그는 결국 고향으로 돌아가지 못한 채 죽는 날까지 낮은 벼슬자리를 지키며 '민 황후 시해' 등, 노도와 같이 밀려드는 일본 세력을 막는데 온 힘을 바쳤다.

시로서 읽어도 목가적인 농촌 정경이 눈앞에 펼쳐져 산소를 만끽하는 기분이다. 나도, 우리도 도시 생활을 걷어치우고 가난하게 살더라도 자연 속 전원생활로 돌아가고 싶은 꿈을 가지고 있다. 그러나 그게 현실적으로 불가능하다. 직장과 교육 중인 자식, 집안 친인척과 동료들이 모여 사는 도시를 떠나기가 용이하지 않기 때문이다. 이남규가 고향으로 못 돌아갔듯, 그렇다면 지금 나는 이남규와 같은 삶을 살고 있는가? 나라가 위기에 처해 있지 않으니 그분의 삶을 따라갈 시대는 아니다. 그렇다면 의(義)를 위해, 남을 위해 보람 있는 그 무엇을, 올해 나는 조그만 무슨 일이라도 했나를 반성해 보게 된다. 주위를 돌아보면 우리는 극빈자, 독거노인, 장애자, 소년 가장들과 함께 살고 있다. 나의 삶 역시 공동체의 연대 속에 묶여 있기 때문이다.

…하물며 지금은 걱정거리뿐이라
백성은 날마다 시들어 간다네

증기선이 항구로 빽빽이 모여들고
호미와 곰방메는 도랑에 버려지네

화폐는 막혀서 통하지 않는데
교활하게 이익만 다투고 있네

세금이 무거우니 뱀잡이가 달갑고
굶주림이 심하니 전갈에 쏘인 것 한스러워하네…

 신문물과 외세가 홍수같이 밀려드는 속에 나라는 기강이 흔들려 주체성을 놓친 채 갈팡질팡하고, 백성이 도탄에 헤매는 조선 말기 현실을 노래한 이남규 한시다. 어떤 과정을 밟아 왜 우리가 나라를 잃게 되었는지, 당시의 나라 형편이 눈에 훤히 잡힌다. 진정으로 나라를 사랑하는 사람은 그 현실을 정직한 눈으로 본다. 이남규와 같은 충성스런 선비가 1천 명만 있었더라도 일본에 국권이 강탈당하지 않았으리라.
 한편, 1백여 년 전 한시인데도 시에 나타난 당시 현실이 오늘의 이 땅에서 벌어지는 사실과 유사한 점이 많음에 공감하게 된다.
 미·일·중국·러시아란 강대국에 둘러싸인 남북한은 지금 어느 배를 타고 있나? 중국 녁을거리에 치여 우리의 농촌은 날로 황폐화되고 있지 않는가? 경제의 침체로 빈부 격차가 더 벌어지고 있지 않나? 강남 집값 잡는다고 정부가 세금을 너무 올리고 있는 게 아닌가? 우리가 뽑아준 정치가들이 도대체 나라 걱정, 국민 걱정을 제대로 하고 있는가? 북한의 어려운 식량 사정을 우리가 나서서 도와주지 않는다면?
 일백 년 전 한시는 우리가 처한 오늘의 현실을 두고 여러 가지 생각을 불러일으키게 한다.
 손에 쉽게 잡기 힘든 옛 한시를 통해서도 사색은 무궁무진으로 뻗어나

간다. 하물며 필독 교양서의 독서야말로 얼마나 필요한 정보와 교양을 제공해주랴. 시각에 스쳐가는 바보상자 앞에 앉아 낄낄거리며 시간을 낭비할 게 아니라 춥지도 덥지도 않은 이 좋은 계절에 책 한 권쯤 손에 잡기를 권해본다.

크리스마스

    어느덧 달력의 마지막 달이 닥쳐왔다. 한 해가 후딱 가버린 느낌인데 뭘 하며 한 해를 보냈는지 아쉽기만 하다.
    나는 네 계절 중 겨울을 별로 좋아하지 않는다. 가난한 자들에겐 찬바람이 불면 겨우살이 걱정으로 마음부터 움츠러들게 마련이다. 예전에 어머니는 겨울이 닥치면 가장이 없던 집안이라, "이번 겨울을 또 어떻게 넘길꼬" 하는 푸념부터 앞세우곤 하셨다. 겨울 한철을 날 양식·땔감·김장 걱정이었다. 겨울 초다듬에 그 세 가지를 시늉으로나마 얼추 갖추면, "올해 겨울은 발 뻗고 자겠다"며 안도의 숨을 내쉬었다.
    지난 10월 하순 독일 프랑크푸르트 국제도서전에 한국이 주빈국으로 초대된 덕에 많은 한국 작가들이 현지 행사에 참석하여 작품 낭독회와 토론회를 가졌다. 나 역시 참석한 길에 프랑크푸르트에서 차편으로 한 시간 정도 걸리는 하이델베르크를 둘러보았다. 세 번째 가본 곳인데, 라인강 강변의 고성(古城)과 유서 깊은 대학과 영화 〈황태자의 첫사랑〉 무대로 알려진 관광지이다.

하이델베르크는 크리스마스에 치장하는 장식품을 파는 점방이 많다. 외손들 방에 달아줄 크리스마스 장식품을 사다 문득 내가 대구에서 보낸 중학 시절의 쓸쓸한 크리스마스가 생각나 마음이 울적했다.

당시는 전쟁 뒤끝이라 서민들 삶이 고달픈 시절이었다. 하루 세끼 배불리 밥 먹는 집이 드물었고 1월 강추위가 오기 전에는 군불을 못 때는 집이 많았다.

이승만 대통령이 기독교 신자라 크리스마스는 공휴일로 정해진데다 통행금지마저 없었기에 거리에는 마음이 들뜬 선남선녀들로 붐볐다. 확성기에서 흘러나오는 크리스마스송이 거리에 넘쳤고, 제과점과 중국 음식점은 쌍쌍의 젊은이들로 만원이었다.

바느질로 우리 형제를 키우고 공부시키던 어머니는 연말연시 그때가 일감이 밀리는 대목이었다. 크리스마스 날도 어머니는 밤 기울도록 재봉틀에서 손을 놓지 못했다.

크리스마스이브래야 갈 곳이 없는 우리 형제는 세든 단칸 냉돌방에 이불 둘러쓰고 공부하는 채 돌아앉아 저녁 끼니로 먹은 수제비 맛만 떠올렸다. 그래도 안데르센 동화「성냥팔이 소녀」에 등장하는 길거리에 떨고 있는 소녀 신세보다는 낫다는 자위가 고작이었다.

"저 소리 들어봐라. 이런 추븐 밤에도 퐅죽 한 그륵 팔겠다고, 퐅죽 사라미 외치고 댕기는 장사꾼 소리 들어봐. 어데 그뿐잉가. 길거리에 나가봐라. 자슥들하고 묵고 살겠다고 군고구마 파는 사람, 군밤 파는 사람, 너거들 만한 껌팔이 아아들 가장도 길거리에는 늘맀데이."

재봉틀을 돌리며 어머니가 말씀하시곤 했다.

어느 핸가, 크리스마스에 누나가 들려준 이야기도 적잖은 위로가 되었다.

서양 풍습에 크리스마스 날이면 가족이 서로 선물을 교환하는데, 어느 젊은 부부는 너무 가난하여 선물 살 돈이 없었다. 그래서 남편은 자신이 아끼는 시계를 팔아 아내의 탐스러운 머리칼을 빗질할 빗을 사고, 아내는 남편의 시계에 줄이 못쓰게 되었음을 알고 머리칼을 끊어 팔아 남편 시곗줄을 사다는 슬픈 일화였다.

나는 소년 시절부터 청년 시절에 걸쳐 크리스마스를 즐겁게 보낸 기억이 없다. 그래서 예수가 마구간 말구유에서 탄생했다는 그 명절은 서양 사람이나 기쁘게 맞는 날이라고 생각했다. 그때까지 우리 집은 특정 종교를 믿지 않았기에, 예수를 하나님의 독생자로 믿는 신도들이 교회나 성당에 모여 그 탄생을 축하하며 찬송 부르는 날인 줄 알았다.

서민들의 살림 형편이 차츰 나아지자 크리스마스도 변질되기 시작했다. 크리스마스는 연말의 들뜬 분위기와 합세해 먹고 마시며 왕창 노는 날이 되고 말았다. 서양이 가족과 함께 크리스마스를 가정에서 보낸다면, 우리나라는 연인끼리 가장 인상적인 추억을 만들기 위해 분위기 있는 장소를 선택한다. 그룹으로 미팅하거나 친구들끼리 실컷 먹고 마시며 떠들고 놀 수 있는 장소를 예약하기 바쁘다. 그래서 크리스마스이브에는 환락가가 난장판을 이루고, 파출소는 싸움패와 주정꾼으로 만원이 된다. 크리스마스 날은 길거리가 온통 쓰레기로 넘쳐나 환경미화원이 그 어느 때보다 수고할 일이 많다.

  행복하고 즐거웠던 12월의 크리스마스 추억은 돌이켜 볼수록 감미로울 것이다. 그러나 쓸쓸하고 외로웠던 크리스마스 추억도 자기 삶을 경영하는데 각성제가 될 수 있다. 나의 청소년 시기가 그랬더래도 자식 대에 그 시절을 넘겨주지 않은 게 다행스럽다.

하늘의 뜻

 삶이 힘들 때, 매사에 하는 일이 꼬일 때, '이렇게 살아서 뭐하냐'란 비관적인 생각에 잠길 때, 이를 버텨 내는 힘은 경험했던 지난날의 추억에서 끌어옴이 첩경이다. 그래서 옛사람들은 "어릴 때 고생은 사서도 한다"는 말을 남겼다. 어릴 때 고생은 장성한 뒤 자신의 인생을 경륜하는 데 큰 도움이 된다는 뜻이다.
 나 역시 그렇다. 이를 다행이라 말해야 옳을까. 지각이 눈뜬 여덟 살에 전쟁을 겪은 뒤, 그로부터 20년 동안 우리 식구는 고생에서 헤어 나오지 못한 채 힘든 세월을 보냈다. 특히 내가 겪은 소년기와 청년기의 고생담은 잊을 수가 없다.

소년 시절에 신문팔이부터 시작해서 병원 사환과 신문 배달 등으로 고등학교를 마칠 때까지 고단한 삶을 살았다. 하루 세 끼니 밥조차 푸짐하게 먹어본 기억이 없다. 중·고등학교 시절에 누군가 입에 말만 올려도 군침부터 도는 자장면 맛이 궁금했는데, 처음 먹어보기가 대학에 입학해서였다.

육군에 사병으로 입대할 22세까지 우리 일곱 식구는 단칸방 신세를 면치 못했다. 성년이 될 때까지 나는 내 방을 가져보지 못했고 책상 앞에 앉아서 공부해 본 기억이 없다.

44세에 직장 생활을 접고 전업 작가의 길로 들어섰을 때, 인기 작가가 아닌 나로서는 원고료에 의지해 살 수밖에 없었다. 한 달치 원고료로는 두 아이 학비 대기가 힘들었다. 하지만 아무리 어렵기로서니 설마 밥 굶던 옛 시절로 다시 돌아가겠냐는 생각이 들었다. 그런 고생스러운 시절로 돌아가더라도 견뎌낼 자신감이 있었다. 다만 고생을 모르고 자란 자식 앞에 아비가 쪼들리는 모습을 보일 때, "인생은 이런 것일 수도 있다"라고 어떻게 납득시킬 수 있느냐가 걱정이었다. 고생의 쓰라린 경험이 인생의 부피가 되었다고 해서 이를 자식에게, '내 경험 정도를 너도 체험해 보아야 한다'고 강요할 수는 없다.

지금의 장년과 노년 세대는 농경시대와 산업화 초기 단계를 거쳐 오며 내 경험과 비슷한 고생을 겪었고, 이를 바탕으로 먹고살 만한 오늘의 시대를 만들었다. 이들 '고생 경험 세대'와 미경험세대 간의 세대 갈등이 적지 않다. 인생을 제대로 모르기에 먹고 사는 게 얼마나 중요한지, 도대체 뭘 아낄 줄 모른다는 경험 세대의 푸념이 미경험 세대에는 한갓 상투적인 넋두리로 들린 게 사실이다.

그러다 IMF 이후 '청년 실업' 사태를 맞자 그제야 신세대도 조금은 정신을 차리는 듯하다. 자동차 회사의 비정규직 취업에도 수천만 원의 뇌물이 필요할 만큼 취업이 어려워졌으니, 한창 일에 도전해야 할 청년기에 하루 이틀도 아니고 허구한 날 놀고먹으며 지내자니 스트레스가 이만저만 아닌 게 당연하다.

대학 시절에는 동양 고전을 읽을 기회가 없다가 서울로 올라와 직장 생활을 시작할 무렵에 『사서삼경』을 읽었는데, 『맹자』에서 이 구절을 발견하고 나는 무릎을 쳤다.

> 하늘이 어떤 사람에게 큰일을 맡기려 명을 내리려면, 반드시 먼저 그의 마음을 괴롭히고 그의 살과 뼈를 지치게 만들고 그의 육신을 주려 마르게 하고 그의 생활을 궁핍하게 해서, 그가 하는 일마다 성취하고자 하는 일과 어긋나게 만든다. 그가 그 모든 고통을 이겨냈을 때 비로소 하늘이 그에게 큰일을 맡긴다.

요컨대 하늘의 뜻은, 인생의 참다운 고통과 고생을 이겨내려는 의지를 시험하여 합격점에 이르렀을 때야 그에게 평탄한 성공의 길을 내어 준다는 가르침이다.

한때 나는 그 구절을 책상 앞 벽에 붙여 놓고 아침마다 읽고 출근했다. 1970년대 초 직장 초년 시절, 출판사는 대개 토요일에도 오후 6시가 퇴근 시간이었고, 평일은 밤 9시까지 근무하기가 다반사였다. 당시 나는 미아리고개 부근에서 친구와 하숙 생활을 하고 있었다. 야근을 하면 저녁밥이 해결된다는 게 좋았고, 버스비를 아끼느라 을지로3가에서 미아리고개 하숙집까지 걸어서 다녔다. 이 생각 저 생각하며 한 시간 넘게 걷는 동안 필터 없는 '백양' 담배를 꼭 두 개비만 피웠다.

대구에는 부양해야 할 가족 여섯 명이 나를 보며 살고 있었다. 돈 벌러 서울로 간 장자가 이제나저제나 출세하리라 믿고 있었다.

나는 매일 생활비를 노트 뒷장에 기록했다. 하늘이 나에게 어떤 뜻이 있기에 이렇게 초년고생을 주었고 초년 직장 생활도 힘들게 치르고 있겠거니 여기며, 세상살이에 이를 앙다물었다.

힘들게 오늘을 사는 젊은이들이여.

어릴 때나 젊을 때나 통과의례로 넘게 되는 몸과 마음의 고생(실연까지 포함해서)을 마음에 새겨라. 이를 이겨내는 자에게는 하늘이 그 보답으로 성공의 길을 준비해 두고 있으니 부디 좌절하지 말고, 용기를 잃지 말기를.

독도 의용수비대장

일본이 '독도의 날'을 제정하고, 역사 교과서에까지 자기네 영토라 수록하자, 국민의 의분심이 폭발했다. 누가 뭐래도 독도는 대한민국 고유의 영토이기 때문이다. 36년 동안 이 땅을 능멸하고도 반성하지 않는 일본에 맞서 독도를 지키자는 우국적 열정이 드세게 일고 있다.

그동안 독도는 천연기념물 제336호로 민간인 출입을 통제했기에 아무도 들어갈 수 없었다. 그런데 필자는 1984년 여름, 독도 의용수비대 대장을 지낸 홍순칠(洪順七:1929~1986) 선생의 초청을 받아 독도를 밟아 볼 수 있었다.

일행은 나를 포함해 소설가 홍성원 형·이청준 형, 문학평론가 김병익 형이었다. 우리는 서울을 출발, 포항에서 울릉도행 정기 연락선을 탔다. 울릉도 뱃전에서 기다리던 홍 선생은 우리 일행을 친절하게 맞아 주었다. 당시 50대 중반이었던 홍 선생은 적당한 키에 몸매가 날씬했으나 바닷바람에 익은 구릿빛 얼굴에 뱃사람답게 활달했다.

저녁에 홍 선생을 모시고 부두 거리에서 술자리를 가졌다. 우리는 홍 선생에게 궁금했던 점부터 물었다.

"독도에는 당국의 특별 허가 없이 민간인은 출입 못한다던데 어떻게 가능합니까?"

"홍순칠이 독도에 간다는데 누가 막니니껴."

깜깜한 창밖 바다에는 풍랑이 거세게 일고 있었다.

"날씨가 좋지 않은데 내일 아침에 배를 띄울 수 있을까요?"

"이 정도 날씨는 마 괜찮심더. 걱정 마시고 잠이나 푹 자두이소."

이튿날 아침, 파도가 더 거세게 일고 있었다. 선창으로 나가 보니 집채만 한 파도가 방파제를 치고 있었다. 일행은 아무래도 독도 출발이 무리라 판단했다. 우리들 표정이 어두울 수밖에 없었다.

"자, 출발하입시더."

우려하는 우리들 마음은 아랑곳하지 않고 홍 선생이 유쾌하게 말했다.

"파도가 이렇게 치는 데도요?"

"이까짓 파도쯤 끄떡없습니더."

"기상 악화는 자연현상이니 홍 선생님이 우리에게 미안해할 건 없습니다. 독도를 보여주지 못하셔도 괜찮습니다."

"허허, 그래 겁이 많아서야 우예 소설을 씁니껴? 여러분이 죽는다 카모 이 홍순칠도 죽심더. 내가 책임질 테이깐 나서입시더. 독도는 내가 수백 번 댕긴 뱃길이라 잘 알아예. 이 정도 날씨모 마 괜찮습니더."

홍 선생은 부득부득 우기며 우리를 발동선으로 이끌었다. 성격이 거침 없고 괄괄한 '경상도 사나이'였다.

거센 파도 앞에서 우리는 두려움으로 잠시 머뭇거렸다. 그러나 홍 선생의 강권에는 거역할 수 없는 힘이 있었고, 자신만만해하는 패기에 우리가 꺾이고 말았다.

기관사를 포함한 우리 일행 여섯을 태운 발동선은 성난 파도와 바람을 헤치고 독도로 향했다. 배는 몇 길 되는 거센 파도를 타고 가랑잎처럼 흔들렸다. 아니나 다를까, 모두 뱃멀미를 앓기 시작해 구토를 하다못해 기관실 뒷방으로 피했다. 일행 중 나이가 적은 까닭인지 멀미를 덜 앓기는 나였다. 나는 홍 선생과 갑판에 나앉아 해풍에 떨며 막소주를 마셨다. 배가 요동이 심해 종이컵에 술을 따르기도 힘들었다. 안주는 홍 선생이 장만해 온 새알만 한 주먹밥이었다. 다진 물고기 살과 해초를 밥에 뭉쳐 싼, 바다에서 어부들이 먹는 요깃거리였다.

홍 선생이 우리의 땅 독도를 지켜낸 일화를 들려주었다. 1950년 6·25 전쟁이 터지자 전쟁으로 혼비백산 되어 정부가 독도에 관심 둘 짬이 없던 사이 일본의 독도 근해 침범이 잦아졌다. 1953년 4월에 참전 용사였던 울릉도 청년 33명이 '독도 의용수비대'를 조직했다. 홍 선생이 수비대 대장을 맡았다. 대원들은 포항과 부산으로 나가 무기 밀매 시장을 돌며 소총·기관총·권총 몇 정과 수류탄 50개, 박격포 1문을 사비(私費)로 구입했다. 대원들은 구입한 무기를 가지고 독도로 들어가, 1956년 해군 경비대에 독도 사수권을 인계하기 전까지 추위와 주림을 이겨가며 무인도를 지켜냈다. 1954년 11월에는 독도로 접근하던 일본 해양청 순시선을 격퇴하기도 했다는 것이다.

"가져간 양식도 다 떨어지고 석 달 동안 울릉도로 나오지 못한 채 고기를 잡아 끼니를 해결했던 적도 있었심더. 우리 땅 독도 지키라고 누가 시킨 일도 아인데, 그때 대원들 고생 참 많았심더."

말이 쉽지 홍 선생 같은 애국 청년들이 없었다면 한국이 전쟁을 치르는 동안 일본이 슬그머니 독도를 점령해 버릴 수도 있었다. 정부는 그분들에게 어떤 영예도 주지 않았고, 그분들 역시 이를 바라고 나선 일이 아니었다.

홍 선생은 갈매기 낚는 솜씨를 보여 주겠다며 나섰다. 갈매기들이 뱃전을 따라 붙으며 날고 있었다. 홍 선생은 낚싯줄에 꽁치를 미끼로 꿰었다. 낚싯줄을 휘두르자 갈매기가 꽁치를 보고 달려들었다. 홍 선생이 재빨리 먹이를 채는 갈매기를 낚아챘다. 홍 선생은 잡은 갈매기를 다시 풀어주었다.

마침내 일행은 독도에 도착했다. 접안이 불가능할 정도로 파도가 거셌으나 홍 선생이 직접 키를 잡더니 용케 배를 간이 선착장에 밀어붙였다. 독도 경비대와 사전 무선 연락이 되었던지 경비대장이 우리 일행을 맞았다. 경비대장 말이 해상 경보가 내려져 일행이 오지 못하는 줄 알았다고 말했다.

"누구도 몬 오는 게 당연하제. 그러나 독도 수호신 홍순칠만은 올 수 있다 카이."

홍 선생이 웃으며 말했다.

응회암(凝灰巖)으로 형성된 독도는 갈매기들의 낙원이었다. 토끼를 놓아 먹였더니 많이 번식했다고 경비대원이 말했다. 섬 연안 바다는 천연 미역밭이었고 바다 밑이 훤히 들여다보이는 바위틈에는 팔뚝 만한 고기들이 제 세상이듯 노닐었다. 우리는 독도에 내려 멀미를 달래며 2시간 남짓 머물렀다.

서울로 돌아온 후 이청준 형은 홍순칠 선생에게 매료되어 그분을 소재로 소설 한 편을 쓰기도 했다.

울릉도 주민의 전설적 인물인 홍순칠 선생은 우리가 독도를 방문한 이태 뒤, '우리 영토를 잘 지키라'는 유언을 후손에게 남기고 바닷사람으로서의 생을 마감했다.

북한 어린이와 청소년

　2005년 7월 엿새 동안 북한을 다녀왔다. '6·15선언 실천을 위한 남북 작가 대회'에 남한 작가 98명이 참가했다. 기자를 합쳐 115명에 이르는 문학인이 북한 땅을 밟기는 분단 이후 처음이었다. 인천공항에서 인공기 표식이 선명한 고려항공 여객기에 오르는 감회가 격세지감을 느끼게 했다. 한국전쟁 때 월북한 아버지 소식을 알기 위해 북한을 드나들기 세 번째였다.

　일정 중에는 평양 만경대 '학생소년궁전'에서 북한 어린이들의 예술 공연을 관람하는 기회가 있었다. 관객은 남측 작가단과 일본에서 방학을 맞아 조국을 방문한 조총련계 학생들, 중국 관광객, 유럽인들도 있어 대강당은 만원이었다.

북한 곡예단 수준이 세계적임은 일찍이 들은 바 있었다. 1981년 로마에 갔을 때 그곳 교민이 말했다.

"북한 곡예단이 순회공연을 왔을 때 전 관중이 기립 박수로 감탄하며 흥분의 도가니에 빠졌답니다. 인간으로서는 도저히 연출할 수 없는 기막힌 재주를 보였어요. 그 정도의 곡예 수준을 연출하자면 얼마나 고된 훈련을 했을까를 생각하니 가련하기도 했구요."

북한 소식에 까막눈이었던 20여 년 전에 들은 말을 회상하며 나는 잔뜩 기대에 부풀었다.

어린이들의 재롱 잔치란 노래나 연기를 잘못해 실수했어도, 실수 그 자체만도 사랑스럽고 귀엽다. 어린이들이야말로 어린 천사이기 때문이다. 그런데 막상 북한 어린이들의 예술 공연이야말로 상상을 초월했다. 독창·중창·합창·독무·군무에다 악기 연주 솜씨, 기예를 섞은 춤사위, 심지어 줄넘기 놀이에서 보여준 탁월한 기능이야말로 혀를 내두르게 해 1시간 남짓의 공연 과정에 관중석은 탄성과 박수가 이어졌다. 전국에서 예능 소질이 탁월한 인재를 뽑아 훈련시켰겠지만 12세 전후 어린이의 솜씨라곤 도무지 믿어지지 않았다.

그런데 나는 눈물이 흘렀다. 처음은 손수건으로 눈물을 닦다 중간부터는 젖은 손수건으로 입을 가리고 울음을 참았다. 마지막에 가서는 터지는 통곡을 행주가 된 손수건으로 막아야 했다.

울음이란 너무 기뻐도 터진다. 전쟁터로 나간 아들이 살아서 돌아올 때 울지 않는 어머니가 없는 이치와도 같다. 자식이 어려운 대학 관문을 뚫었을 때 부모는 장하다며 그 자식을 안고 울기부터 한다. 어린이날을 맞아 유치원생들이 잔치를 벌이면 자식의 재롱을 보며 우는 부모가 많다. 자식의 재주가 앙증맞게 귀여워 나오는 눈물이다.

내가 북한 어린이들의 예능 솜씨를 보며 울게 된 원인은 세 가지쯤으로 해석할 수 있을 것이다.

첫째는, 어린이들이 보여준 솜씨가 너무 뛰어났기 때문이다. 노래·춤·악기·연주·기예를 한 치의 오차나 실수 없이 완벽하게 성취 해낸 놀라운 솜씨였다. 성인 전문가도 따라갈 수 없는 장인적 기능이야말로 눈물이 나올 만한 감동이었다.

둘째는, 그 고난도의 솜씨를 연출해내기까지 얼마나 각고의 노력을 했을까 싶은 안쓰러움이었다. 물개·돌고래·원숭이·코끼리가 관객 앞에서 인간조차 따라가기 힘든 연기로 재롱을 부리기까지 조련사는 맛있는 먹을거리를 주어가며, 또는 채찍을 휘두르며 반복적으로 훈련시킨다. 어린이들의 일사불란한 예능을 보며 나는 동물들의 그런 훈련 과정이 연상되었기 때문이다.

셋째는, 북한이 당면한 식량난이다. 남측이 북측에 50만t의 쌀을 지원해줘 화급한 윗불을 꺼주었지만 북한 주민은 지금 굶주림과 의약품 부족으로 사경을 헤매고 있다. 평양만은 그런대로 경제가 돌아가고 있으나 지방 사정은 외신이 전하는 대로 주민 태반이 영양 결핍증에 시달리고 있다. 피골이 상접한 채 뼈만 앙상히 남은 탁아소 어린이들의 참상이 방긋방긋 웃으며 노래하고 춤추는 어린이 뒷면에 무대 막처럼 어른거리자, 걷잡을 수 없게 눈물이 쏟아졌다.

사실 나는 눈물이 많기도 하다. 고난을 이겨나가는 사람, 장애인의 힘겨운 삶, 지구 반대편의 헐벗고 굶주리는 사람을 다룬 다큐멘터리를 티브이에서 볼 때, 나는 울보이기 때문이다.

그런데 '학생소년궁전'에서 본 어린이들의 예능 솜씨와 비슷한 또 다른 광경을 목격할 수 있었다.

오후 한 시쯤 남한 작가들이 점심 식사를 하려 버스 편으로 이동할 때, 거리에는 많은 학생들이 줄지어 이동하고 있었다. 불볕더위 뙤약볕 아래 사방 곳곳에서 한 방향으로 교복 입은 남녀 청소년들이 줄을 지어 모여들고 있었다.

나는 북한 안내원 동무에게, 저 학생들이 어디로 가고 있느냐고 물었다. 10월 10일 노동당 창건 60주년 대축제 준비를 위해 행사 경기장으로 간다는 것이다. 오전에는 수업하고 오후에는 인민대운동장에서 벌일 퍼레이드와 카드섹션 예행연습에 동원된 학생들이었다.

티브이에서 보았던 경기장 관람석의 북한 학생들이 벌이는 카드섹션의 일사불란한 연출은 장관이었다. 한 문장의 글자는 물론, 사람의 얼굴까지 천연색으로, 그것도 도미노게임처럼 연속적으로 연출해내는 솜씨는 세계 어느 곳에서도 볼 수 없는 북한만의 자랑거리이다. 그리고 군중 퍼레이드의 두부모 자른 듯 한 정연한 대열과 규격적인 동작, 율동도 대단한 솜씨다. 그 모든 일사불란한 행위가 끊임없는 훈련을 통해 이루어진다.

남한 어린이와 청소년은 한여름이라도 냉방에서 팝 듣고 휴대폰으로 문자 메시지를 보내며 피자 먹거나 크림을 빨 때, 북한 어린이와 청소년은 뙤약볕 아래 10월 대축제 준비에 고된 훈련으로 비지땀을 흘린다. 그게 오늘의 조국, 휴전선을 사이에 둔 남과 북의 현실이다.

바이칼호와 이르쿠츠크

 2004년 8월에 문학 동호인 일행이 짧은 일정으로 러시아의 동시베리아 지역 바이칼호(湖)와 이웃한 이르쿠츠크시(市)를 여행했다. 젊었을 때부터 가보고 싶었던 꿈이 너무 늦게야 실현된 셈이다.

 우리 민족이 한반도에 정착한 시기를 기원전 3천 년인 신석기시대로 잡을 때 그 시대의 대표적인 문양인 빗살무늬토기가 시베리아·중국·한반도·일본 등에서 출토된 점과, 민족 언어의 뿌리가 우랄·알타이어(語)로 분류되는 점으로 보아, 동부 시베리아 일대가 우리 민족의 시원임에 틀림없음이 학계의 정설이다.

 머나먼 시절 옛 조상이 살았던 그 북방 변경에 대한 향수가 유전인자 속에, 또는 잠재의식으로 잠복해 있어서일까. 젊었을 때부터 나는 막연히 그 북방 지방을 동경했다.

육사 시의 「광야」와 「절정」을 읽었을 때 그 느낌은 더 확실하게 다가왔다. "매운 계절의 채찍에 갈겨/ 마침내 북방으로 휩쓸려오다// 하늘도 그만 지쳐 끝난 고원/ 서릿발 칼날 진 그 우에 서다…"란 절창 속에 인간의 손때가 묻지 않은 시베리아란 광활한 대지가 눈앞에 그려졌다. 이광수가 장편소설 『유정』에서 애써 그 먼 바이칼호를 배경의 한 장면으로 끌어들인 심정도 시베리아에 대한 연모가 바탕 정서로 깔려 있었으리라.

비포장도로에 엉덩방아를 찧어가며 시베리아 원시림을 관통해 7시간을 달려보니 산맥조차 등뼈를 숙인 '대륙'의 크기가 말 그대로 실감났다.

바이칼호는 남한 면적보다 더 넓다. 담수호이긴 하지만 수평선을 조망할 수 있는, 바다가 아닌데도 장엄한 망망대해였다. 가장 깊은 곳 수심이 지리산을 빠뜨릴 만하다니 담고 있는 물 용량이 세계 최대이다. 전 세계 인구가 4년을 먹을 수 있는 수량을 담고 있어, 지구가 기온의 변화로 만약 1백 년 한발이 찾아온다면 인간이 최후로 먹을 수 있는 물은 바이칼호가 될 것이다. 수심 몇 미터 아래에도 자갈이 보일 정도로 물빛이 맑았고 수초 따위는 볼 수 없었다.

남북으로 초승달 모양의 바이칼호에 올혼이란 섬이 있다. 섬의 크기가 제주도만 하다. 칭기즈칸의 고향과 그의 무덤이 그 부근이라는 믿거나 말거나한 전설이 구전되는 섬이다. 호수 속에 제주도 크기의 섬이 있다는 사실도 놀라운데, 어쨌든 그 섬에서 일행은 이틀을 보냈다. 광활한 초지와 소나무 숲이 들어찬 완만한 구릉지에 이따금 마을이 흩어져 있었고 몽골계와 슬라브계 유목민이 공동체를 이루어, 우리나라 60년대 초 정도의 소박한 생활수준을 유지하며 사이좋게 살고 있었다. 그러나 러시아가 시장경제 체제로 돌아선 지 10여 년, 자본주의의 물량 공세 앞에 맥없이 무너진 흔적이 아무데나 버려진 비닐봉지들과 플라스틱 콜라병을 통해 섬뜩하게 닿아왔다. 서구와 동양의 관광객이 그 섬까지 무리지어 찾아들고 있었다.

8월의 낮은 더웠으나 그늘에 앉았으면 소슬바람이 일어 시원했다. 더 넓은 초지에는 키 작은 들꽃이 소담하게 피어 있어 문득 고향에서 보낸 어린 시절이 생각났다. 밤이면 우주 공간의 별무리가 쏟아져 내릴 듯 하늘이 가까웠는데 왜 그리도 많은 살별이 떨어지는지, 오랜만에 대자연 앞에서 문명과 인간의 존재가 초라함을 실감했다.

이르쿠츠크는 러시아의 동방 정책 기점지로서 18세기 초부터 정치범의 유형지로 유명했고, 우리나라에는 동방 지역 공산주의 수출의 전초기지로 알려졌다. 이곳에서 마르크스 유물론과 당 조직론을 교육받고 국내로 들어와 활동한 우리나라 초기 공산주의자들을 '이르쿠츠크파' 라 칭했다.

나는 장편소설 『불의 제전』에서 한정화란 여성을 해방 직후 이르쿠츠크에서 공부하고 돌아온 유학생으로 설정하여 6·25전쟁에 참전시키기도 했으니, 그곳에 직접 가보지도 않고 관련 서적을 들춘 공부(?)만으로 그

지방 풍물을 묘사하기도 했다.

한 시절에는 '동방의 파리'로 아름다움을 자랑했다는 사전 지식이 머릿속에 자리했는데, 내가 둘러본 오늘의 거리와 건물들은 사회주의식 그대로 견고했으나 초라해 보였다. 몇 십 년을 개보수하지 않고 방치한 상태이니 그럴 수밖에 없었다. 시장경제 도입 후 눈에 띄는 빈부 격차 또한 한눈에 실감할 수 있었다. 미끈한 벤츠가 굴러다니는가 하면 관광객들에게 손 내미는 빈민도 볼 수 있었다.

블라디보스토크도 그랬지만 시내버스는 모두 한국에서 중고품으로 수입한 우리나라 차라 '다대포→해운대' 따위의 행선지를 그대로 달고 다녔고, 승합차의 대부분도 그랬다. 그런대로 생필품 유통은 활발해, 1991년 모스크바에 들렀을 때 목격한 대공황 신세는 면하고 있었다.

러시아인들은 모였다 하면 아침부터 술을 마셔댔고 거기에는 남녀의 구별이 없었다. 덩달아 나 역시 도수 높은 화주 보드카를 원 없이 실컷 마셨다. 대륙이 어머니 품처럼 술꾼들 또한 너그러이 품는 넉넉함을 러시아인의 순박함을 통해 느낄 수 있었다.

타지마할과 카스트 제도

 초보자의 해외여행은 우선 여행 경비가 싸게 들고 볼거리가 많아야 한다. 그런 측면에서 보자면 이웃 나라 중국이 제격이다. 여행 경비가 싸게 치이고, 지리상 가깝고, 볼거리가 무진장이고, 음식이 구미에 맞다. 동남아도 마찬가지다. 동남아의 경우, 우리나라보다 경제 사정이 뒤처진 채 열심히 따라오는 국가들이기에 원화 가치가 높아 어깨 펴고 관광할 수 있다. 그런 측면에서 보자면 인도 여행도 거기에 끼일 수 있다.
 인도로 가면 처음 들려야 할 곳이 갠지스 강가에 있는 바라나시와 아그라 교외에 있는 타지마할 궁전이다. 바라나시에 가면 힌두교의 나라 인도 전체의 삶이 한눈에 녹아들어오고, 타지마할을 보아야 인도에 왔다고 말할 수 있을 정도로 아름다움의 극치를 보여주는 건축물이다. 스페인 그라나다에 있는 알브라함 궁전과 함께 타지마할은 이슬람 건축의 2대 상징물이라 일컬을 만하다.

타지마할은 무굴제국의 황제 샤자한이 애비(愛妃) 뭄타즈 마할을 위해 1630년부터 18년 동안 국가 재정이 기울 정도로 거액을 들여 완성한 추모의 궁전이다. 타지마할의 인조 호수 앞에 서면 찬란한 궁전의 위용에 절로 입이 벌어진다. 장인의 솜씨로 빚어진 나전칠기가 보석이듯, 색색의 대리석 문양으로 한 장 한 장 붙여 올려 쌓은 거대한 조형물은 예술의 장엄미가 더 이상일 수 없음을 보여준다. 아닌 말로 우리나라 불국사 정도는 애들 소꿉장난 같다는 생각이 든다.

타지마할은 대칭미로 유명하다. 가운데 솟은 둥근 돔과 정중앙 문을 반으로 잘라 양쪽이 정확한 대칭을 이룬다. 완벽한 대칭이 실제 맞는지 알아보려 한쪽 창문틀의 문양을 보아둔 뒤 다른 쪽 그 위치에 있는 창문 문양을 확인했더니 정확하게 일치했다. 이 대칭미는 인공 호수에 그림자로 비친 궁궐을 보면 수평만이 아니라 수직으로도 대칭을 이룸을 확인할 수 있다. 한마디로 타지마할은 한 땀 한 땀의 수공예적 세공술을 빌려 인간의 공력으로 세운 건축물의 극치이다.

이집트의 피라미드, 중국의 만리장성, 캄보디아의 앙코르와트, 인도의 타지마할과 같은 거대 조형물을 관람하면 관광객들이 한마디씩 한다.

"저렇게 대단한 건축물을 몇 십 년에 걸쳐 완성하자면 공사에 동원된 인간(혹은 노예)들이 얼마나 혹사당했을까!"

한국 관광객 역시 혀를 차며 중얼거린다. 더욱이 한 사람의 여자를 위해 그 궁전을 세웠다니, 일회성으로 살고 가는 바쁜 세상에 얼마나 할 일이 없어 그런 짓을 했다니, 한심한 생각마저 든다.

문득 어느 민중주의자 말이 생각난다. 가을 들판에 익은 벼를 보며 수확의 기쁨에 감사하기 전, 지주 곡간에 찰 볏섬과 여름 내내 쏟은 소작농의 피눈물부터 생각난다는 의견이다. 수고하지 않고 부자 신분을 누리는 자, 수고로 피땀을 바쳐도 헐벗고 굶주리는 자가 있다는 것은 만민 평등 논리에 어긋난다.

맞는 말이긴 한데, 그런 관점으로 보자면 인류가 남긴 역사적 유산의 태반은 지배자의 압제와 피지배자 학대의 증거물이다. 민중론자의 견해라면 그런 조형물은 다 파괴해야 마땅하다. 그런 사치스러운 건축물 대신 예전의 빈민이나 노예의 생활상을 재현한 조형물을 만들어 역사박물관에 전시해야 할 것이다.

말이 나온 김에 인도의 카스트제도를 따져보자. 인도의 사회제도는 브라만(神官), 크샤트리아(武士), 바이샤(庶民), 수드라(賤民), 4계급으로 나누어진다. 태어날 때부터 각기의 카스트에 속해 평생 그 계급에서 빠져나올 수 없다. 천민인 수드라들의 삶이란 가축보다 더 비참하다. 그러나 그들은 평등주의를 주장하며 신분 상승을 위해 저항하거나 다른 카스트를 공격하지 않는다. 이를 각자가 타고난 운명으로 받아들인다. 힌두교의 교리대로 죽어 다시 태어날 때 비로소 좋은 카스트에 끼게 되기를 빌며 현생의 온갖 고행을, 어떤 자는 자청해서까지 달게 받는다.

시장경제에 따른 물질 최우선 주의, 평등주의 실현에 따른 양극화 해소를 삶의 관건으로 삼는 우리네 관점에서 보자면 인도인들이야말로 다른 지구에 사는 별종이다. 요즘 유행어인 "부자 되세요"가 그들에게는 마이동풍이다. 예나 지금이나 인도인들은 중세나 왕권 시대 그대로, 도무지 납득할 수 없는 세계관으로 오늘의 21세기를 살고 있다. 그들에게는 한 시대를 풍미한 마르크스 이론도 마이동풍이다.

그러나 인도인들 입장에서 보자면 이야기가 달라진다. 그들의 도저한 정신주의적 신앙심이야말로 청빈 사상과 명상 세계, 초월적 자연주의 가치관과 함께 새 시대의 삶의 대안이 될 수도 있기 때문이다.

진정 삶의 가치관을 어디에 두고 살아야 하느냐란 화두를 잡고 깊이 생각해 볼 일이다.

속전속결, 교육열

동남아 4개국을 둘러보고

'동아시아 문화네트워크'의 일원으로 동남아 4개국을 둘러보았다. 태국·베트남·인도네시아·필리핀은 16세기 이후 서양 제국주의의 동양 침탈로 고통을 겪은 국가들이다. 태평양전쟁 때는 동양의 패권을 노린 일본의 침략을 받아 그 나라 국민이 많은 희생을 치르기도 했다. '동아시아 문화네트워크'는 강대국의 침탈로 수난의 경험을 공유한 국가들이 문화적 연대를 같이하여 제국주의 문화 침탈에 공동 대처하자는 목적으로 한국의 젊은 예술인들이 만든 단체이다.

예전에는 세계의 모든 교역이 동서로 길을 열어 이루어졌다. 중국 베이

징에서 유럽까지 이어진 멀고 먼 실크로드가 이를 증명한다. 산업혁명 이후 동력을 이용한 항해술의 발달로 동서교역이 남북교역으로 확대되었다. 그러나 우리나라의 경우 동남아 국가들은 유럽이나 미국보다 먼 나라였다. 30년 전 베트남전쟁 때 한국군이 용병으로 파견되어 야자수 우거진 그 남쪽 나라가 현실감으로 다가왔으나, 동남아는 쉽게 가볼 수 있는 곳이 아니었다.

국민소득이 1만 달러를 넘어서고 여행이 자유화되자 해외의 값싼 여행지로 동남아가 떠올랐다. 50~60만 원 경비면 3박 4일 일정으로 동남아를 다녀올 수 있기에 국내 제주도 여행보다 경비가 싸다며 너도나도 동남아 여행에 나서는 게 요즘 세태이다. 신혼부부의 밀월 여행지로 가장 선호하는 곳도 동남아 여러 나라다.

30도를 오르내리는 무더운 여름임에도 동남아 4개국은 어느 곳이나 한국인 관광객으로 북적댔다. 한국이 그들 나라의 외화벌이에 단단히 한몫을 하고 있음을 현지에서 확인할 수 있었다. 가는 곳마다 한국 음식점도 즐비했다.

국가 면적 면에서 한국은 4개국 중 가장 작은 나라다. 인도네시아는 동서 폭이 미국과 맞먹는다. 자연조건 면에서도 그 나라들이 광대한 평원을 가진데 비추어 한국은 70프로가 개발할 수 없는 산악 지대다. 동남아는 벼농사를 3모작하므로 네 계절 어느 때나 모심기를 할 수 있고, 따로 재배하지 않아도 열대성 열매가 주렁주렁 달린다.

그 나라들은 개발하지 않은 자원이 무진장이라 자원만으로도 부국이다. 한국은 남북이 분단된 상태로 지엔피의 많은 부분을 비효율적인 국방비로 쓰고 있다. 어느 조건으로 보나 한국은 그들 국가의 경쟁 상대가 되지 않는다. 그런데도 한국이 동아시아에서는 일본 다음으로 잘사는 나라가 되었다. 그것도 3년간 처절한 동족상잔의 전쟁을 겪은 후 50년 만에 이룬, 세계가 놀랄 정도의 발전이다.

동남아 4개국은 모두 한국에 산업 노동자를 보내고 있으며, 베트남과 필리핀으로는 한국 농촌의 노총각들이 색싯감을 구하러 나선다. 근년에 내가 둘러본 러시아·몽골·중국에서 그랬듯 외국에 나가 보아야 애국자가 된다는 말을 이번 여행에서도 실감했다.

우리나라가 그들 나라보다 잘사는 까닭을 생각해 보았다. 우선 자연의 악조건을 극복한 국민의 근면성이다. 지난 20여 년 동안 세계 여러 나라를 여행해 보았으나 우리 국민만큼 근면한 민족을 찾아볼 수 없었다. 산악으로 이루어진 지형학적 악조건, 4계절이 분명한 기후의 악조건, 강대국 사이에 낀 약소민족으로서의 지정학적 악조건을 오직 근면으로 이겨냈다. 평균 노동시간 8시간을 넘어 10시간 노동조건도 더 빨리 해치우자고 부지런을 떨어 한국인을 '빨리빨리 민족'이라 칭하지 않는가. 누구는 그 '빨리빨리 근성'이 오늘의 빠른 정보화시대, 인터넷 최강국을 만들 수 있었다고 말한다.

한국인이 머리 좋은 민족으로 알려졌지만, 그보다는 대단한 교육열이 성공의 비결이다. 동남아 4개국은 아직 40프로가 문맹인데 비해 한국은 고령층 소수를 제외하고는 95프로가 글자를 읽고 쓴다. 80프로가 대학에 진학한다는 최근의 통계도 있었다. 고학력 인재를 많이 확보했다는 것은 그만큼 국가경쟁력이 크다는 얘기다.

한국이 경제 대국으로 올라선 결정적 동인은 근면성을 바탕으로 한 고급 인력으로 고부가 첨단제품 생산에 재빨리 눈을 돌린 덕분이다. 철강·자동차·정유·조선(造船) 산업은 몇몇 선진국이 독점해 온 현대 산업의 동력인데, 한국 기업이 무모할 정도의 용기로 덤벼들어 불과 몇 십 년 만에 이를 성취해 냈다. 거기에 고부가가치의 IT산업에 도전해 몇 년 만에 세계 초일류 IT 강국이 되었다.

동남아 4개국은 빈부의 격차가 심해 40~50프로가 저소득 빈곤층을 형성하고 있다. 실업률이 가용 인력의 절반을 차지한다. 극빈층은 하루 수입이 원화로 1천 원에 불과해 한 달 벌어 봐야 고작 3만 원이다. 빈곤층은 대체로 6만 원 정도를 벌어 한 가정이 생활하는 형편이다. 베트남의 경우 국립대학 교수 초봉이 6만 원, 원로 교수가 되어야 10만 원을 겨우 넘는다. 결국 한국에 산업 연수생으로 나오면 곧 근무지를 이탈해 취업한다. 단순 노동력만으로도 한 달에 자기 나라 임금의 10배 이상 벌이가 되니 불법체류자가 양산될 수밖에 없다.

그런데 놀라운 점은 그들 나라 사람들의 행복지수이다. 비록 문명의 혜택에서 소외되어 조악한 주거 환경과 세 끼니 식사 해결이 화급할 정도로 가난하게 살지언정 "우리 가족은 행복하다"고 자부한다. 삶의 질을 돈의 추구인 물질의 풍요에 두지 않고 마음의 평화에 둔 민족성은 4개국의 특징이다. 그래서 길거리에서 만난 그들의 표정은 한결같게 밝았고 표정이 순진했다. 자살자가 가장 적은 나라가 그런 빈곤국의 자랑이기도 하다.

이제 살 만큼 부국이 된 한국은 어디로 가고 있는가? 똑똑함만 믿고 게을러져 3D업종은 대부분 기피한다. 더러는 더 좋은 집, 더 맛있는 음식, 더 즐길 수 있는 유흥시설, 호화로운 의상과 화장품만 선호하는 '부패한 귀족주의'에 빠져 있다.

굳이 동양 지혜서와 성인의 말씀을 빌리지 않더라도, 이제 나와 우리의 정체성을 한번쯤 돌아보아야 할 때다.

아름다운 도시 탈린

　1994년 늦가을이었다. 파리에 들렀다 귀국길에 상드페테르부르크를 둘러보고 모스크바를 거쳐 귀국하기로 일정이 짜여 있었다. 고르바초프가 '철의 장막'을 걷고 페레스트로이카(개혁)를 막 시작했을 때인 1990년에 한국 펜클럽 회장이며 수필가였던 전숙희 선생을 따라 소련을 여행했는데, 당시 지명이었던 레닌그라드에서 본 도스토예프스키 생가, 작품 무대, 에르미타슈 박물관에서 본 그림들의 감명을 잊지 못해 다시 찾기로 했던 것이다.
　파리에서 항공편에 직접 모스코바로 갈 수 있었으나 여행이란 낯선 길이 호기심을 자극하는 법이다. 전숙희 선생과 나는 지도를 보고 일정을 짰다. 스톡홀름으로 가서 배를 타고 발트해를 건너 에스토니아란 나라를 거쳐, 거기서 기차 편에 러시아 국경을 넘기로 했다. 국경을 넘어 몇 시간을 가면 상드페테르부르크였다. 아침에 러시아 국경을 넘는다면 러시아의 농촌 풍경도 차창으로 구경할 수 있겠거니 싶었다.

'발트 3국'으로 불리는 에스토니아, 리트비아, 리투아니아는 러시아 서쪽 끝 발트해를 끼고 사다리꼴로 나란히 있는 세 공화국들이다. 이전부터 나는 왠지 지도상에 숨어 있는 조그만 그런 나라로 여행하고 싶었다. 강대국인 독일·러시아·스웨덴의 잦은 침공으로 수세기 동안 나라를 잃는 수난을 겪었고, 러시아혁명 이후로는 소련 연방으로 편입되었다가 소련의 사회주의 해체기인 1991년에야 연방에서 탈퇴하여 독립국가가 된 세 나라였다.

스톡홀름에서 탈린행 밤배를 탔다. 큰 여객선이어서 도무지 항해를 한다는 느낌이 없었다. 선실 카페에 들러 맥주를 마시니 육지에 있듯 편안한데, 창밖으로는 석양의 어두운 바닷물이 밀려나갔다.

여행을 할 때 이용하는 자동차·비행기·기선 중에 글쟁이들에게는 항해가 가장 운치 있다 하겠다. 개인 선실에 다리 펴고 앉으면 서재에 있듯 조용해 음악 듣거나 독서를 할 수 있고 무료하면 카페를 찾으면 된다. 난간에 서서 해풍을 맞으며, 담배도 피우며 망망한 바다를 바라보거나 천천히 멀어져가는 육지나 섬을 구경하는 것도 좋은 볼거리이다.

스톡홀름에서 탈린까지는 목포에서 제주도보다 조금 먼 거리였는데,

여객선은 이튿날 새벽에 에스토니아 탈린항에 도착했다. 에스토니아 전체 인구가 150만 남짓하니 수도 탈린의 인구는 50만 정도였다.

당시는 동구권 여러 나라들이 국가 경영의 사회주의 체제를 막 청산한 터라 생필품 부족으로 어려움을 겪고 있었고, 시장경제를 받아드리기 시작했을 때라 나라 형편이 어려울 거란 선입관은 순전히 오산이었다. 한 해 전에 폴란드 바르샤바를 갔을 때 어렵게 사는 도시 서민과 초라한 뒷거리를 보고 마음이 아팠는데, 탈린은 정반대였다.

탈린은 에스토니아의 수도요 상공업 중심지인데도 조용하고 한가로운 전원도시풍이었다. 돌바닥 깔린 거리는 깨끗했고 삼사 층짜리 옛 건물의 고풍스러움이 정다웠다. 집들 창문틀마다 색색의 꽃이 핀 화분으로 장식했을 만큼, 시민들 표정이 밝았다. 사람들은 여유롭고 친절해 낯선 동양인을 보고 손 흔들며 미소를 보냈다.

우리나라 늦가을 날씨처럼 쾌적했는데, 자동차가 많지 않아 거리는 매연이 느껴지지 않았다. 여기저기를 기웃거리다 지치면 중앙 광장 노천카페에 들러 생맥주를 마셨다. 가격도 쌌고 맥주 맛이 좋았다. 민속 의상 무늬의 앞치마를 두른 여종업원들은 예쁘고 친절했다. 한국 관광객이 모스코바 거리를 걸으면 예쁜 러시아 처녀들에 감탄한다. 그러나 폴란드에 가면 거기 처녀들이 더 예뻐 보이는데, 에스토니아 처녀들이 그랬다.

에스토니아는 그리스정교와 프로테스탄트가 공존하다보니 교회당 외양이 달랐다. 백화점은 상품이 풍부했고 의류는 서구 상품 못지않게 질이 좋고 디자인이 세련되었는데 값은 쌌다. 나는 기성복 한 벌을 사서 입었다. 유리 공예품은 미술적 조형미가 뛰어났다. 우연히 목격했는데 낡은 건물 벽을 시멘트로 새로 단장하다 한 귀퉁이에다 예전에는 벽돌집이었다는 표시로 흔적을 조금 남겨둔 게 마치 추상화를 보듯 인상적이었다.

에스토니아는 사회주의 장점인 평등·근면·검소·정직을 물려받았음이 읽혀졌고, 한편으로 사회주의의 단점을 잘 극복한 나라로 비쳤다. 주변국 스웨덴·핀란드·덴마크·독일과의 교역을 통한 서구 유럽의 영향과 사회주의의 장점을 잘 섞은 탓이라 여겨졌다.

대립과 갈등으로 점철된 우리의 남북 현실을 보아온 탓인지 내 눈에는 스위스와 같은 조화·융합·평화를 소망하는 그들의 의식이 부러웠다. 빵과 자유를 해결하기 위한 수단이라면서 이념을 강요했으나 오히려 자유마저 빼앗아버린 이념이란 우상에 얼마나 많은 피눈물을 흘렸고 앞으로도 흘리게 될까를 따지자, 나는 한숨부터 나왔다.

탈린은 몇 달쯤 눌러앉았으면 싶은 정이 가는 도시였는데 나는 이틀밖에 머물지 못했다. 기차 편에 러시아 쪽 국경을 넘을 때, 뒷돈을 바라는지 러시아 경찰의 까다로운 짐 검사에 곤욕을 치르게 되자, 탈린으로 다시 돌아가고 싶은 마음이었다.

뉴욕과 〈미스 사이공〉

 뉴욕을 한마디로 표현하면 어떤 도시일까? 한마디로는 표현할 수 없을 만큼 '도시'란 생태의 구조와 장단점을 공유한 '현대 도시의 모델'이라 말할 수 있을 것이다. 도시의 발달사, 즉 도시의 어제와 오늘에 관해 리포트를 쓴다면 뉴욕이 가장 적당한 모델이 될 것이다.

 맨해튼 섬을 중심으로 인근 지역 유동 인구를 합쳐 1천 6백만 명이 활동하는 뉴욕은 인종 전시장이다. 거리에만 나서면 뒤섞여 걷는 백인·흑인·히스패닉·동양인과 금방 마주친다. 세계 유수의 빌딩이 총 집합해 있는 반면 누추한 할렘도 있다. 뉴욕은 세계의 정치(유엔 본부)와 금융(월가)을 쥐고 흔드는 전 지구적 정치와 상공업의 심장부이다.

제2차 세계대전 후로는 각종 첨단 문화 산업마저 유럽(파리가 중심이 된)에서 뉴욕으로 옮아왔다. 영화든, 패션이든, 미술이든, 팝이든 뉴욕에서 떠야 세계 구석구석으로 신속하게 전파된다. 오늘의 첨단 문명이 뉴욕에서 창출되고 현대 문명의 그늘 역시 뉴욕이 안고 있다. 그래서 뉴욕은 살아 움직이는 생물, 펄떡펄떡 튀는 물고기와 같다.

미국 사회의 자랑인 '자유' 또한 뉴욕에 가면 몸으로 체험할 수 있다. 주머니가 허락한다면 무엇이든 볼 수 있고, 만질 수 있고, 입을 수 있고, 먹을 수 있고, 가질 수 있으며, 최대한 호사를 누릴 수 있다. 그래서 뉴욕의 역사가 불과 2백 년밖에 안 되지만 일 년 열두 달 세계 각지에서 온 관광객으로 들끓는다. 세계의 호사가들은 일 년에 한 번쯤 뉴욕을 둘러보아야 "세계를 호흡하고 왔다"고 말할 수 있다.

뉴욕이 아니고는 구경할 수 없는 게 많지만 그중 하나가 뮤지컬이다. 연극·음악·무용·미술의 총체적 결합체인 뮤지컬이야말로 종주국 야구처럼 미국이 내세울 수 있는 종합예술이다. 새 뮤지컬 한 편을 보기 위해 뮤지컬 애호가들은 비행기를 타고 대서양을 건넌다. 뉴욕 브로드웨이에는 신작 뮤지컬로 해가 지고 뜬다. 한 편의 제작비만도 엄청난데, 무대에 올렸다가 보름이 못 가 막을 내리는 흥행 실패작이 태반이지만, 모두가 알고 있는 〈왕과 나〉〈포기와 베스〉〈사운드 오브 뮤직〉〈웨스트사이드 스토리〉〈레미제라블〉〈오페라의 유령〉등은 10년 넘게 장기 공연되고 지금도 공연 중인 명작이 많다.

〈미스 사이공〉도 흥행에 성공한 대표적인 뮤지컬이다. 1996년 뉴욕에 갔을 때 필자도 운 좋게 〈미스 사이공〉 공연을 브로드웨이에서 관람할 수 있었다. 영어가 젬병이라 대사는 알아들을 수 없었지만 내용은 대충 알 수 있었다. 다소 진부하지만 사랑 이야기의 고전인 〈로미오와 줄리엣〉이나 〈춘향전〉은 대사를 몰라도 그 내용을 이해하듯, 〈미스 사이공〉도 베트남전쟁이 한창일 때 미군 병사와 베트남 처녀의 맺어질 수 없는 애타는 사랑 이야기이기 때문이다.

이 뮤지컬의 성공 비결을 비전문가가 시시콜콜 분석할 수는 없으나 나름대로 정리해본다면 다음의 예를 들 수 있을 것이다.

첫째, 베트남전쟁을 배경으로 했기에 미국이 학을 떼고 철수한 땅이라 소재가 시의 적절했다. 동양적 풍물이 눈요깃감을 제공한 점도 서양인 눈에는 색달랐을 것이다. 생사의 갈림길에 선 전쟁의 후방, 온갖 비리와 향락이 횡행하던 사이공(지금의 호치민) 뒷거리 풍물도 볼 만했다.

둘째, 애절하고 감미로운 사랑 이야기는 동서고금을 통해 곧잘 관객의 심금을 울린다. 오페라 〈나비부인〉처럼 전통과 문화가 다른 서양인과 동양인의 사랑은 더욱 그렇다.

셋째, 드라마틱한 무대 구성이 압도적이었다. 정적(靜的)인 애절한 사랑과 동적(動的)으로 동원된 전투 장면은 극과 극이 만나듯 시종 긴장감을 유지했다. 전투용 헬리콥터까지 동원되는 장면은 박진감을 더했다. 하루살이 목숨인 전쟁을 배경으로 사랑하는 사람과 만남의 기쁨, 헤어짐의 슬픔이 주조를 이루어 서정과 서사가 한 무대 공간에 녹아 있었다.

무엇보다 나는 이 뮤지컬이 좌우 이데올로기가 한 치의 양보 없이 맞붙은 전쟁을 다루면서도 철저히 이념을 배제했다는 점이 성공의 요소로 보였다. 우리나라 경우 해방 이후 이념 과잉 시대를 살아오며 민중의 엄청난 희생을 강요했고, 지금도 이념의 사슬에 묶여 통일의 성취가 요원한 시점이다. 예술도 어느 쪽 이념 편에 서서 표현되었느냐에 따라 작품의 평가가 달라진다.

이념의 중압에 깔려 오늘의 시대를 사는 마당에, 〈미스 사이공〉은 베트남전쟁을 다루면서도 이념 문제 쪽으로는 접근하지 않았다. 전쟁으로 고통당하는 개인 문제, 전쟁이 아닌 평화를 기원하는 이름 없는 사람들의 염원을 담았을 뿐이다.

무책임한 말로 들릴지 모르지만, 어느 쪽이 이기고 지든 역사의 진행은 과거를 매장하고 내일을 향해 흘러갈 따름이다. 순결한 이념주의자들도 자기 시대를 열심히 살고 나면 잊혀진다. 그런 시대의 흐름 속에 개개인의 삶은 대를 잇는다.

근년에 들어 우리나라도 뮤지컬이 붐을 이루고 애호가도 많이 늘었다. 이념 문제에 매달려온 내 문학에 반성의 기회가 되기도 했던 〈미스 사이공〉의 한국 첫 공연에 자못 기대가 크다.

케이프타운

    달력 그림으로도 자주 등장하지만 스위스는 아름다운 나라다. 아름다운 자연에다 인공적인 요소를 더하여, 어떻게 자연을 이토록 잘 가꾸어 놓았을까 감탄하게 된다. 알프스의 빙하가 만들어낸 호수를 낀 지방 소도시의 깨끗한 거리를 걸으면 꽃으로 가꾸어 놓은 길과 주위의 집들이 동화 속 같아 부지런한 스위스인의 심성이 느껴진다.
    해외를 여행하다 사람의 손으로 잘 다듬어진 아름다운 도시 또 한 곳을 우연히 보았다. 남아프리카공화국의, 아프리카 대륙의 끝 케이프타운이었다. 케이프타운은 인도양과 대서양이 만나는 지점에 백인들에 의하여 건설된 도시다.

알다시피 남아프리카공화국은 유럽의 백인에 의하여 세워진 나라로 다이아몬드와 금의 세계적인 생산지로 알려졌다. 남아프리카공화국은 백인과 비백인계로 대별되는데, 인종차별 정책이 20세기까지 남아 있던 유일한 국가였다.

만델라는 흑인 인권운동가로 27년간에 걸친 감옥 생활 끝에 석방되어 흑인 참여 자유 총선거에 의해 흑인 최초로 대통령에 당선되기가 1994년이었다. 그 이전까지 흑인은 백인들과 함께 교육 받을 수 없음은 물론, 백인이 출입하는 식당에 들어갈 수 없었고, 백인이 타는 대중교통을 이용할 수도 없었다. 백인들은 철저히 자기들과 다른 피부색에 인종격리정책을 썼던 것이다.

내가 남아프리카공화국에 들렀을 때가 1996년이었다. 흑인(반투족) 인권 신장이 한창 고양되고, 원주민인 흑인에 의한 민족주의 운동이 본격화될 시기였다. 이제 대통령 자리까지 흑인이 차지했으니 수백 년 동안 노예로 학대 받아온 설움을 풀 새로운 시대를 맞았던 것이다.

비행기가 도착한 곳은 남아프리카공화국의 최대 도시 요하네스버그였다. 하루를 그곳에 머물며 여러 곳을 구경했다. 조금 변두리 백인 주택가로 나서자 풍경이 달라지기 시작했다. 백인이 살던 주택 지역으로 흑인들이 야금야금 점유해 오고 있었다. 백인 구역과 흑인 구역의 경계선이 무너지고 있는 현장이었다. 거리는 지저분해지기 시작했고 방치된 쓰레기에는 파리 떼가 끓었다. 여기저기 폐품화된 집기가 길가에 오물처럼 버려져 있는데. 맨발의 흑인아이들이 쓸 만한 물건을 뒤지고 있었다.

"흑인이 들어오면 우리는 떠날 수밖에 없다. 그들과 함께 살 수 없기 때문이다."

백인들의 말이다. 교육 수준, 문화 차이, 생활 습관, 무엇보다 생활수준(소득수준이 될 터이다)의 차이로 백인과 흑인이 어울려 이웃하며 살 수 없어 보였다.

"우리 조상이 살아왔던 땅에서 백인들은 이제 물러가라. 아프리카는 흑인들의 땅이다."

흑인들이 백인을 향해 막말을 해댄다.

일행은 요하네스버그를 떠나 케이프타운으로 갔다. 그곳에 도착하니 요하네스버그와는 딴 세상으로, 백인의 지상 천국이었다. 숲에 싸인 깨끗한 해안 거리와, 언덕에 자리한 백인들의 호화로운 주택가야말로 풍치가 너무 아름다워 스위스의 경치를 능가했다.

시내에 흑인이 별로 눈에 띠지 않았다. 그러나 교외로 나가자 흑인 거주 구역이 따로 있었다. 철조망에 둘러싸여 있는 그 안은 역시 빈민촌이었다. 불결한 누더기 집과 헐벗은 흑인 주민 모습을 볼 수 있었다. 그들 역시 이제 아프리카를 '우리 땅'이라 주장하고 있었고, 케이프타운도 언젠가는 요하네스버그의 현상을 맞을 것 같았다. 백인 인구는 스톱 상태인데, 흑인 인구는 급속히 늘어나는 실정이었다. 인근 국가에서 일거리를 찾아 흑인들이 국경을 넘어와 새로운 빈곤층을 형성하고 있었다.

그렇다면 화려하고 깨끗한 항구 케이프타운과 백인 거주 구역은 누가 건설했는가? 돈은 백인이 대고 노동력은 흑인이 제공했다. 흑인들은 값싼 노동력을 제공하며 겨우 식생활을 해결하며 수백 년에 걸쳐 백인을 위한 봉사로 노예와 같은 생활을 해왔다. 이제 법적으로는 흑백 간의 차별이 없어졌다고는 하나 소득 격차는 현격했고, 그들은 아직도 공동체로 어울리기에는 요원해 보였다.

백인도 할 말은 있었다.

"케이프타운을 흑인의 땅이라 말할 수 없다. 우리가 이 땅에 들어와 살아온 지 4백 년이 넘었다. 아무도 살지 않아 숲과 잡초만이 우거졌던 땅을 우리 조상이 정착해서 개척한 땅인데, 이 고향 땅을 떠나 어디로 가란 말인가?"

그 말에도 일리가 있었다. 1488년 포르투갈이 처음으로 케이프타운을 내왕했고, 1652년 네덜란드가 여기에 보급기지를 건설함으로써 유럽인이 최초로 정착촌을 세웠다.

이스라엘과 팔레스타인의 해묵은 인종적 분쟁을, 그때 남아프리카공화국에서도 볼 수 있었다.

고흐와 피카소

 '문화의 달'이 끼였고 사색의 계절이라 일컬어지는, 날씨 청명하고 서늘한 계절에 포도의 낙엽을 밟으며 미술관 한두 곳쯤 둘러보았는지 모르겠다. 양서를 읽고 미술관이나 음악회를 관람하는 것은 사치가 아니요 삶의 윤활유 역할을 하는 필수조건이다.

 맛깔 난 음식으로 잘 먹고 쾌적한 집에서 사는 것을 누구나 소망하지만 그런 욕망의 충족에는 한계가 있고 이는 본능의 만족에 불과하다. 인간은 영장류이기에 육체보다 정신을 살찌우는데 게을러서는 안 된다. 여기에는 예술을 통해 정서적 만족감을 얻고 마음으로 이를 향유함이 필수 영양제이다.

"예술이 밥 먹여주냐"란 비꼬임 투의 말은 아등바등 살던 가난한 시절, 국민소득 몇 백 불 시대에나 하던 신소리다. 예술을 향유함이 사실 밥과는 상관없다. 역설적으로, 예술이 밥 먹여주지 않기 때문에 예술은 감히 밥과 견줄 수 없게 위대하다. 믿음(종교)이 밥 먹여주지 않기 때문에 우리 삶에 차지하는 비중이 밥보다 위대하다. 어린 자녀에게는 미술 학원과 피아노 학원에 보내면서도 진작 이를 향유해야 할 부모는 몸(육체)과 재물의 욕망에 급급하는 게 오늘의 현실이다.

생각하는 삶, 여유로운 삶은 사유를 통해서 얻어지고 예술은 정서적 안정을 통해 마음을 살찌운다. 지는 낙엽을 보며 저무는 한 해를 예감하듯, 한 소절 음악과 한 폭의 그림을 통해 생의 슬픔과 그리움, 환희가 내 마음에서 지고 새로 피어남을 느끼며 생활해야 자기 삶의 진정성을 깨닫는 '문화인'이다.

깊은 가을밤, 미술책을 뒤적이다 만 고흐(1053~1890)와 피카소(1881~1973)를 만났다. 피카소는 필자가 방대한 분량으로 그의 전기를 썼으니 친숙한 화가이고, 고흐는 인간이 당할 수 있는 모든 고통을 체험했고 이를 예술로 승화시킨 진실된 인간이기에 늘 삶의 교훈을 준다.

이 두 위대한 화가의 이름 앞에는 늘 '천재'라는 수식어가 따라다닌다. 두 화가는 비슷한 연대에 태어났으나 고흐가 삼십 대 나이에 죽었기에 두 사람은 생전에 만난 적이 없었다. 피카소가 본격적인 미술 공부를 하려 청운의 뜻을 품고 스페인 바르셀로나에서 세계 예술의 메카 파리로 왔을 때가 1990년이니, 그때 이미 고흐는 정신병을 앓던 끝에 권총 자살로 생을 마감한 지 10년 뒤였다.

두 화가는 동서고금을 통틀어 그림 값이 가장 비싼 화가로 꼽힌다(한 예로 고흐의 소품 「해바라기」는 1987년 영국 크리스티 경매장에서 3,629만 2,500달러란 천문학적 가격으로 팔렸고, 피카소가 51세 때 하루 만에 쓱쓱 그린 소품 「목걸이를 한 누드」는 2002년 크리스티 경매장에서 2,558만 유로. 한화로 치면 약 293억 원에 팔렸다).

흥미로운 것은 이 두 천재 화가의 판이하게 다른 생애에 있다. 고흐는 광기에 들려 정신병을 앓다 37세에 자살로 생을 마감했고, 피카소는 평생 병원 신세를 져본 적 없는 건강 체질로 92세에 이르도록 장수했다. 고흐는 실연을 거듭한 나머지 평생을 독신으로 가난에 쪼들리며 살았고, 피카소는 공식적으로 그를 거쳐 간 부인만도 7명이었고 그들 모두가 헌신적으로 피카소 예술에 영감을 불어 넣었다.

고흐는 생애를 통틀어 단 한 점밖에 그림이 팔리지 않아 무명의 서러움으로 가슴앓이 해야 했다. 그는 그림을 그릴만한 아틀리에도, 화구 사댈 돈도 없어 화상(畵商)이었던 동생 테오의 신세를 져야 했다. 그는 늘 동생에게 어려움을 하소연하며 돈을 좀 보내달라고 편지질을 했다. 예술적 영감과 삶의 고뇌를 담은 그의 서간은 문학적으로도 높이 평가된다.

피카소는 파리로 나온 뒤 3년간 가난의 쓴맛을 보았으나 그 뒤부터 다른 화가들이 자갈길을 우마차로 다닐 때 경주용 스포츠카로 고속도로를 달리듯, 르네상스 이후 최대의 화가라는 명성을 얻었고 대중적으로도 인기를 끌었다. 20대 중반에 이미 쟁쟁한 앞 세대 인상주의 화가들보다 비싼 가격으로 그림이 팔리기 시작했다. 피카소는 잠시 만에 그린 스케치 한 장과 고풍스러운 별장을 그 자리에서 맞교환해, 애인에게 별장을 선물하기도 했다.

이런 경우 신을 믿는 자라면, 신이 인간 세상에 어떻게 이토록 불공평한 일을 저지를까 하고 원망하게 된다. 고흐의 불행한 삶에 한없는 동정을 보내게 됨이 인지상정이다. 거기에 비한다면 피카소는 장수했고 주지육림(酒池肉林) 속에 살았다는 비유가 적절할 것이다. 그렇다고 피카소의 세속성을 대놓고 욕할 수만은 없다. 현대미술을 논할 때 누구나 피카소를 비켜갈 수 없을 만큼 그가 남긴 업적이 위대하기 때문이다. 그가 남긴 회화와 소묘가 1만 6,000점, 조각 작품이 650점, 판화만도 2,000점이 넘는다. 그의 엄청난 작업량은 '노동의 노예,' '열정의 화신'이라 할 만하다.

고흐의 경우, 불꽃을 연상시키는 생애와 그림을 선호할망정, 장본인이나 자식이 고흐와 같은 예술가로 살기는 원하지 않는다. 그토록 불행한 삶을 살고 나서 죽은 뒤 그림 값이 천정부지로 오르고 이름을 남긴들 무엇하겠느냐는 탄식이 절로 나온다.

고흐와 피카소를 비교해 볼 때 삶은 불가사의하고, 모순이다. 어떤 의미에서 삶 자체가 모순일 수도 있다. 그렇기 때문에 신을 믿는 자는 이런 경우를 두고 '내세의 공정한 심판'을 말하곤 한다. 고흐는 내세에서 축복과 행복을 누리게 될 것이라는 종교적 위로다. 그러나 과학적 증거만이 진실이라고 교육받아온 오늘의 세대는 내세에서는 어떻게 될지라도 이승에서는 피카소처럼 명성과 부와 장수를 누리고 싶어 한다. 그러나 누구든 피카소에 이르기에는 그 확률이 희박하다. 누구도 피카소를 따라갈 수 없을 정도로 그가 남긴 회화가 위대하기 때문이다.

내가 가는 생활의 길을 고흐와 피카소 중간쯤에 설정해 두고, 이 가을 이승에서의 삶을 저울질해봄이 어떨까.

평화에 대한 단상

　전쟁은 악, 그 자체이다. 이 지구상에 전쟁을 원하는 사람은 승리의 쾌감에 목말라하는 극소수의 전쟁주의자를 제외하고는 아무도 없을 것이다. 인류는 평화 시대에 의식주 걱정 없이 살고 싶어 한다. 전쟁은 행복의 모든 조건을 파괴하기에 결코 자기 생애에는 일어나지 않기를 바란다. 그런데도 지구상에 전쟁을 그칠 날이 없다.

　미국과 영국의 일방적인 승리로 끝난 '이라크 전쟁'은 전 세계 평화주의자들이 그토록 반대를 외쳤건만 결국 일어나고 말았다. 전쟁의 속성을 보면 상대방 군사력을 낮게 평가했을 때 군사력이 강한 쪽이 자국 이익을 위해 여러 이유를 붙여 전쟁을 일으킨다. 여기에는 '정의롭지 못한 행위'

라 할지라도 양심적인 반대론을 허용치 않는다. 자국이 승리할 수 있다고 판단하면 무작정 밀어붙인다. 오판인 경우도 있지만 대체로 군사력이 우위에 있는 쪽이 승리하기 마련이다. 그러므로 약소국이 강대국을 상대로 전쟁을 일으키는 경우는 드물다. 그래서 전쟁을 막고 세계 평화를 유지하기 위해 제2차 세계대전이 끝난 1945년에 국제 평화기구인 유엔이 창설되었다.

이라크 전쟁도 매장량 세계 2위인 석유 이권이란 경제적인 계산을 배후에 숨기고, 미국 측은 전쟁 명분론을 내세웠다. 대량 살상 무기를 개발하여 세계 평화를 짓밟는 악의 정체 후세인 제거가 명분이었다. 전쟁이 터지자 티브이 화면으로 보는 민간인의 참상, 그중에 여성·노약자·어린이가 당하는 고통은 눈시울을 뜨겁게 했다.

서울에 살며 6·25전쟁을 어린 나이에 겪은 나는 전쟁의 참상을 직접 목격했고 그 피해자이기에 누구보다 전쟁 반대론자이다. 전쟁이 터진 해인 1950년 1월부터 그해 10월까지 우리 민족이 당한 전쟁의 고통을 그린 7권짜리 대하소설 『불의 제전』을 집필하기도 했다. 그 소설을 쓰기 위해 동서 냉전시대의 이념서는 물론, 세계 전쟁사에 관한 책을 숱하게 읽었다. 그러나 전쟁이 주는 비극인 파괴와 살육의 피비린내 나는 과정은 인식했지만 전쟁을 사전에 막는 방법에 대해서는 어떤 해답도 속 시원하게 얻지 못했다.

인간은 원초적으로 악의 속성을 지니고 태어나기 때문일까? 아니면 유전인자 속에 잠복한 약육강식의 본능이 시키는 대로 행동하기 때문일까? 아이들이 전쟁과 폭력 게임을 즐기는 원인도 거기에 기인할까? 어쨌든, 대표적인 전쟁주의자 나폴레옹과 칭기즈칸이 자국민들에겐 숭배 대상의 위인으로 존경받는 이유도 인간 심리에는 공격적인 성향이 주는 승리감이 잠복해 있기 때문인지 모른다.

제2차 세계대전 때 전체주의 동맹군이었던 독일·이탈리아·일본이 전쟁을 일으켰다가 연합군에 패망했지만, 당시 자국민들은 마치 무엇에 홀린 듯 전쟁의 승리를 굳게 믿으며 열심히 싸웠다. 전쟁이 끝나자 그 엄청난 비극 앞에서 승자나 패자 모두 망연자실해 하며, 인간이 저지르는 만행은 인간이 당할 수밖에 없다는 전쟁의 적개심에 치를 떨었다. 그러나 인간은 또 다른 전쟁을 일으키는 동어반복을 되풀이한다. 그래서 전쟁은 자연재해처럼 비켜갈 수 없는 인간사의 숙명인지 모른다는 생각이 들기도 한다.

잊을 만하면 찾아오는 가뭄·홍수·기근, 그중에서도 가뭄 끝에 쏟아지는 억수와 대홍수를 생각해본다. 그런 큰 재난이 닥치면 인간만이 아니라 생명을 가진 모든 것을 쓸어버린다. 자연의 재난도 전쟁의 속성처럼 무자비하기는 마찬가지이다. 제대로 걷지 못하는 새끼 짐승이나 어린 나무, 늙은 짐승이나, 곧 썩어질 고목이라고 불쌍히 여겨 살려주지 않는다. 오히려 연약한 그런 것들부터 먼저 수난을 당한다.

그런 재앙이 한차례 쓸고 가면, 세상은 언제 그런 일이 있었냐는 듯 다시 질서의 세계로 돌아온다. 살아남은 인간은 기동을 시작해 죽은 자를 매장하고 쓰러진 집을 다시 세우고 땅을 갈아 씨를 뿌린다. 자식을 낳아 대를 잇는 것처럼, 벌거숭이 산야에도 살아남은 씨앗이 움을 터 풀밭을 이루고 나무는 부쩍부쩍 자란다. 우리의 6·25전쟁도 그런 쓰라린 과정을 겪으며 오늘의 먹고 살만한 나라를 건설했다.

언제 닥칠지 모르는 자연의 재앙처럼, 전쟁도 주기적으로 반복되는 피할 수 없는 재앙이다. 강대국 미국 같은 나라에 살면 전쟁은 피할 수 있겠다는 계산도 실제로는 오산이다. 미국은 어느 나라보다 강한 군대를 가진 대국이다. 이라크전만 보더라도 전장에 나선 군인이 열사의 사막에서 치러내는 공포의 순간과 전우의 죽음을 수시로 목격한다. 그런 의미에서 이 세상 어디에도 안전한 곳은 없다.

북한이 핵으로 무장한다면 세계 유일의 분단국인 남한 역시 어느 나라보다 전쟁의 불안을 안고 살게 된다. 이라크전도 나이 든 세대는 전쟁을 체험했기에 혈맹 미국을 도와야 한다며 공병대와 의무대 파병을 지지했고, 전쟁 경험이 없는 젊은 세대는 전쟁주의자 미국을 성토하며 파병을 반대했다. 세대 간에 시각 차이는 있으나 양쪽 다 한반도의 평화를 원하는 마음에는 다를 바가 없다.

이 땅에서 전쟁만은 어떤 일이 있더라도 막아야 하고 피해야 한다. 그러나 전쟁은 자연재해처럼 어느 순간에 일어날 수 있다는 가능성을 간과할 수 없다. 만약 그렇게 전쟁을 당했을 때, 우리는 온갖 재난을 이겨내야 할 마음의 준비가 있어야 한다.

아랍권에 둘러싸인 이스라엘이 그러하듯 가난·슬픔·고통·죽음에서 내 이웃과 가족을 지켜낼 수 있는 공동체 훈련에 준비가 필요하다. 홍수에 대비해 평소에도 치산치수의 노력을 게을리 하지 않아야 하듯, 한시도 긴장을 늦추지 않고 고난을 이겨낼 신념과 근면성을 훈련해야 한다. '평화의 행복'은 평화의 구호만 외친다고 그냥 주어지지 않는다.

*

나는 1963년 7월 하순에 사병으로 논산훈련소에 입대했다. 한여름 땡볕 속에 기초 훈련을 마치고 경북 영천에 있는 부관학교를 거쳐 연말에야 춘천 101보중대로 올라갔디. 기기서 새해를 맞아 20일 동안을 완전군장한 채 날마다 10킬로미터 구보 행군 훈련을 받았다. 키에 비추어 체중 미달로 여위어 행군 도중 M1총을 든 채 눈 더미에 쓰러지기도 여러 차례였다. 그래도 훈련은 악심으로 버텨낼 수 있었다. 그런데 문제는 매 끼니 때 배식이었다. 얼마나 배식 양이 적은지 6·25전쟁 때가 절로 생각났고, 눈 뜨고 있는 시간은 먹는 생각밖에 없었다. 음식 쓰레기 드럼통을 뒤져 짬밥을 건져 먹기까지 했다. 굶주림이 얼마나 사람을 비루하게 만드는가를 실감했던 나날이었다.

1964년 1월 하순, 강원도 양구군 남면 최전방 21사단 63연대 인사과로 배속되었다. 마침 그해부터 155마일 전 휴전선에 토치카를 만드는 진지 공사가 시작되어 행정병도 공사판에 차출되었다. 신참이었기에 내가 거기에 뽑혀 1천 5미터가 넘는 OP 대우산 중턱으로 들어갔다. 군용 트럭이 자갈과 모래, 시멘트를 산 중턱에 부려놓고 가면 거기서부터 산 정상까지 나무 들통을 지고 옮겨야 했다. 길 없는 벼랑을 밧줄 붙잡고 허리 휘게 산행을 하자면 겨울인데도 온몸이 땀으로 멱을 감았다. 오전, 오후에 각 3번 손목에 도장을 받아야 일과가 끝났는데, 저녁이면 녹초가 되었다.
　전 사단 병력이 동원되어 산 중턱에 야전 텐트를 치고 산 정상의 등뼈를 따라 만리장성 같은 토치카를 구축했다. 얼마나 그 노동이 고되었던지 예하 부대 소대원은 총으로 자해해서 후방으로 후송되는 자도 있었다. 전투 소대에 배속되어 곁밥을 얻어먹으며 중노동을 했던 나는 늦봄에야 진지 공사에서 풀려나 연대 인사과로 원대 복귀되었다. 통일이 되면 꼭 한번 가보고 싶은 곳이 눈물과 땀으로 범벅되었던 대우산 정상의 그 공사 현장이다.
　병장 계급장을 단 고참병이 되자 자주 해안분지(전쟁 때 격전지로 '펀치볼'로도 불림) DMZ로 출장을 나갔다. 북에서 비무장지대를 넘어오는 자, 남에서 북으로 넘어간 자는 이튿날로 선전 방송 스피커를 통해 인사를 차렸다. 왕왕 울리는 남·북한 선전 스피커 방송을 귓전으로 들으며 북녘 땅을 넘겨 볼 때 철없는 생각이지만, 우리 민족은 왜 싸웠고 갈라진 채 살아야 하냐를 되묻곤 했다.

제대 말년인 1965년에 가을에 들자 월남(베트남) 파병 차출이 시작되었다. 인사과에서 사병계 업무를 보던 내 책상에 파병에 지원하겠다는 예하 전투부대원의 지원서가 첩첩이 쌓였다. 평균 학력 중졸에도 못 미쳤던 예하 부대 소총수들은 한창 먹성 좋은 나이라 늘 식사량이 부족했는데, 전방의 고된 훈련에서 벗어날 절호의 기회가 월남 파병 지원이라 여겼던 것이다. 잘 먹이고 전투 수당까지 준다니 웬 떡이냐 싶었던 것이다. 나는 전쟁을 증오했기에 남의 나라 전쟁터에까지 왜 싸우러가야 하는지 납득할 수 없었다.

아버지가 이념주의자였던 만큼 나는 어느 쪽 이념이든 광신적인 이념 노선과는 등을 돌리고 살아왔다. 자기네 이념의 승리를 위해 전쟁을 준비하고 이를 방어하기 위해 백성을 전장으로 내모는 일체의 모든 권력을 외면했다. 동기가 아무리 순수해도 결과가 평화를 깨부순다면 그 모든 수단은 배격되어야 마땅하다. 작가는 묵묵히 작품으로 이를 보여주어야 한다는 게 내 신념이 되었다.

긴 소설인 『늘푸른 소나무』의 주인공 석주율을 비폭력 평화주의자로 설정한 소이도 거기에 기인한다. 그는 '청산리전투'에서 육탄전으로 막상 일본군을 눈앞에 두자 총을 쏘지 못한다. 엉겁결에 당긴 방아쇠에 애젊은 일본군이 쓰러지자 그는 총을 버리고 살육의 현장에서 이탈하고 만다. 주인공 석주율은 시종일관 비폭력의 응전으로 적의 마음을 감동시키고 끝내는 이기는 길에 매진하다 폭력에 희생되지만, 간디 정신으로 일관한 그의 사상을 열심히 좇아갔다.

부일(附日) 반민족행위자

　일제하 우리 민족이 겪어야 했던 36년간은 새삼 말할 필요조차 없이 지워지지 않는 멍으로 아직도 시퍼렇게 그 자국이 남아 있다. 나라를 팔아먹은 역적들, 조선총독부 산하 말단 기관에 이르기까지 충복으로 기생하며 동족을 박해한 모리배와 간상배들…. 따지고 들면 당시 반도 땅에 나와 있던 일본인보다 일제에 빌붙어 각종 이권 챙기기에 급급했던 그들 등쌀에 조선 백성은 더 많은 피눈물을 흘려야 했다.

　일제가 36년 동안 조선 강토와 조선인을 늑탈한 갖가지 사례는 수많은 자료가 이를 증명하며, 아직도 그 고통을 잊지 못하는 세대가 증인으로 살아 있기에 새삼 재론할 필요가 없다. 이런 응어리진 상처가 낯짝 두껍게 역사 속에 그대로 묻혀서는 안 된다며 한탄만 할 뿐 가는 세월을 허송하고 지낼 때, 새 정부가 일제하 '부일 반민족행위 진상규명법'을 들고 나왔다. 일제 말에 태어났으나 식민지 시대의 미체험 세대로 성장해 사료나 피해 당사자의 증언에 의지해 그 시대를 짚어온 나로서는, 따질 것은 확실히 따져 시시비비를 가려서 매듭을 짓고 역사를 진전시켜야 한다고 본다.

장편소설 『바람과 강』을 1985년에 발표했으니 그동안 20여 년의 세월이 흘렀다. 이 소설은 일제하에 한 변절자의 생애를 다룬 작품이다. 작품을 쓰게 되기는 대학원 석사논문으로 이광수의 '동우회사건'에 연루된 옥중 체험기인 중편소설 「무명」과 김동인의 3·1만세운동 체험기인 단편소설 「태형」을 분석하는 과정에서 그분들의 친일 행적을 자세히 들여다볼 기회가 있어, 그 계기가 촉매 구실을 한 셈이다.

소설 내용을 요약하면, 벽촌에서 성장한 무식꾼 이인태가 뜻을 세워 만주로 들어가 독립군 병졸이 된다. 그는 청산리전투에서 용감하게 싸웠으나 일경에 체포되어 독립군 위치를 불라는 저들의 취조를 받는다. 고문 과정에서 그는 비몽사몽간에 독립군이 머물렀던 한인촌을 무심코 흘리고 만다. 우리가 가혹하게 족쳤다 하더라도 조국을 배신한 개돼지 같은 놈은 영창에 가둬둘 필요조차 없다며 일경은 이인태를 석방한다. 이국땅의 북풍한파를 무릅쓰고 국권 회복에 나선 독립군 부대원에게 더운 밥 한 끼 대접했다는 이유로 그 한인촌은 왜군에 의해 쑥대밭이 된다. 폐허화 된 그 한인촌을 찾아간 이인태는 이제 동포들로부터 배신자란 낙인 아래 매타작을 당한 후 한쪽 귀까지 잘린 채 개돼지보다 못한 인간 말종이란 저주를 받고 마을에서 내쫓긴다. 그로부터 이인태는 짐승의 삶을 스스로 선택해 참회로 생명을 부지하다 후생에서나 참 인간으로 태어나겠다며 죽음을 맞는다는 내용이다.

 인용이 좀 길었지만, 나는 크게 작게 일제의 식민지 정책에 협조함으로써 명예를 더럽히고, 권력과 재력으로 호화를 누리고, 자식에게 고등교육의 혜택을 줄 수 있었던 자들의 비도덕적인 마음을 간접적이나마 응징하고자 했다. 한편, 그자들이 해방 후 양심의 가책을 느끼고 자숙했든, 과거의 치부를 밀봉한 채 권력과 재력만을 부나비처럼 쫓았든, 한번쯤은 자신의 지난 행적을 되돌아보는 준열한 반성이 있어야 한다고 생각했다.

 초등학교 시절, 존경하는 인물을 쓰라면 나는 안중근 의사와 고산자 김정호를 기입하곤 했다. 왠지 그분들이 걸어간 길이 참 인간의 전형적인 모습으로 비쳤다. 소설가가 된 후 안중근 의사 전기를 집필해보려 자료를 모으기도 했으며, 1993년에는 일제하의 민족 수난사를 다룬 대하소설 『늘푸른 소나무』를 출간하기도 했다. 그러므로 나는 일제하의 민족 문제, 특히 친일 문제에 각별한 관심을 가져왔다. 자료를 섭렵하는 과정에서, 소설을 쓸 동안, 나는 나라 잃은 백성의 설움에 대해, 부일 행위자들의 행태에 대해 아픈 마음을 가다듬었고 분노했음도 사실이다. 당시 조선인 대부분은 일제의 엄격한 통제 아래 달리 정보를 얻을 수 없었기에 대일본제국이 패전하리라고는 꿈에도 믿지 않았고 그들의 조선 지배가 영영세세하리라 여기며 애면글면 힘들게 생존했기에, 한 몸 바쳐 의로써 나라를 구하려 했던 의사와 열사들은 더욱 우러러 보였다.

그런 식민지 민족 수난사를 몸소 겪은 백성이기에 지난 역대 정권들이 부일 행위자를 가려내는 시도가 여러 차례 있었고, 한국 현대사 연구가들의 노력으로 그 치부의 일부가 드러나기도 했으나 제대로 매듭을 맺지 못한 채 흐지부지 끝났다. 그렇게 될 수밖에 없었던 것은 사회 전반에 걸쳐 부일 반민족행위자들의 뿌리가 의외로 막강한 세력으로 군림하고 있었던 것이다. 그들이야말로 일제하, 해방공간, 전쟁, 군사정권, 산업화 이행 과정의 첩첩한 시대적 굴곡에서 면면히 살아남은 기득권 세력인데, 백주에 발가벗기는 수모를 어떻게 당할 수 있냐며 온갖 권모술수를 동원해 저항할 수밖에 없었다. 결사적으로 과거의 허물을 감추고, 덮어버리고, 아예 자취조차 없애고, 심지어 타깃을 다른 방향으로 돌려 응징하는 적반하장의 죄악마저 저질러왔음을 우리는 알고 있다.

부일 진상 규명이 회자되자 먼저 떠오른 생각이, 북측의 체제를 반대하여 월남한 이들이 조직한 서북청년단이다. 해방을 맞자 북측 정권이 가장 먼저 착수한 정책이 토지개혁과 친일 잔재 청산이었다. 무상몰수 무상분배를 통해 토지를 국유화하고 경작은 농민에게 돌려주고, 동시에 친일파 숙청에 철퇴를 가했다. 그 응징이 철저했던 만큼 부일 협력자들은 북측 땅에서 살아남을 수 없었다. 온건한 지식인, 보수적인 지주 계층, 신앙심 강한 종교인들이 남측을 선택해 삼팔선을 넘었고, 부일 행위자들도 그들과 함께 남행 대열에 섞여들었다. 이승만이 자신의 정치적 욕망을 달성하려 일제 때 권력깨나 누리며 자족했던 자들을 관, 군, 경찰을 가리지 않고 요직에 대거 등용해 수족으로 부렸다. 거기에도 끼지 못한 채 좌불안석 눈치만 보던 부일 행위자들은 월남한 청장년들이 공산도배 타도를 내세우며 조직한 서북청년단에 들어가 몽둥이를 들고 설치기 시작했다. 객지살이가 고달팠던 그들에겐 이 반공단체가 좋은 은신처였다. 옥석을 가려낼 수 없었던 당시, 서북청년단이 좌익분자를 때려잡는다며 저지른 패행은 이루 말할 수 없었다. 일제하 독립운동가가 좌익이란 붉은 딱지를 달고 과거 일본 경찰 끄나풀의 밥이 되어 다시 고문을 받고 타살되기도 했으니, 역사의 아이러니란 이를 두고 한 말이었다. 내가 태어난 남도 땅 김해군 진영읍에도 서북청년단이 적산 건물을 차지해 경찰의 묵인 아래 갖은 행패를 부렸다. 경찰보다 서북청년단이 더 무섭다는 말이 돌았으니, 당시 수리조합에 근무하던 고모부가 서북청년단 사무실로 끌려가 아버지 때문에 초죽음이 되어 나오기도 했다. 남측에서 부일 행위를 했던 자들도 각종 우익 단체를 등에 업고 일제하에 했던 못된 짓 이상으로 허술한 법망을 비웃으며 패행을 저질렀다.

또 하나 예를 든다면, 도피성 이민이다. 70년대에 본격적인 미국 이민 시대가 열리자 미국이란 광활한 부자 나라에서 새 생활을 하겠다며 너도나도 이민을 떠났고, 많은 월남민이 그 대열에 끼었다. 월남민들 이민의 경우는, 만약 한반도에 다시 전쟁이 터진다면 가장 안전한 곳은 미국이라,

어차피 고향 떠난 타향살이 신세라면 대국이 차라리 낫다며 떠났고, 결과적으로 미국 국적으로 이북 고향 땅을 남한의 월남민보다 먼저 밟아보기도 했다. 그들 대열에 이 사회의 특권층을 형성했던 다수의 부일 행위자와 그 자손들이 끼게 된 것이다. 독립 운동가 자손은 교육조차 변변히 못 받아도 권력과 재력을 누렸던 부일 행위자 자손은 일찍 미국 유학 물 먹는 혜택을 누렸고, 그들이 현지에서 안락한 생활을 하며 가족과 친척을 불러들였다. 숨어 산다 해도 과거에 저지른 패행을 훤히 알고 있는 이웃이 살아 있는 이상 손가락질 받으며 살고 싶지 않다는 이유에서였다. 선대의 못된 행위가 족쇄가 되어 이를 숨기려 이민 길에 오른 자 또한 많았다.

때를 놓친 지도 한참 세월이 지났으나 '부일 반민족행위 진상규명법'으로 이번만은 본때를 보여야 마땅함은 나 이외에도 국민 누구나 공감하는데, 예를 든 두 부류만 보더라도 이 시점에서 그들을 문초하기에는 긴 세월이 흐른 만큼 많은 애로가 따른다. '동행 명령'만 하더라도 고인이 된 이가 더 많고, 타국인을 마음대로 증인대에 세울 수도 없다. 자손들이야 권세와 돈 있는 부모 만난 게 무슨 죄가 된다고 조상 욕보이기에 나서냐는 항변에 그 답이 궁할 수밖에 없다. 조사대상자 선정에 당시의 '지위'가 아닌 '행위'에 중점을 두겠다고 하지만, 당대를 겪어보지 않은 미체험 세대가 행위를 밝혀내어 옥석을 가리기에도 난관이 많다. 기록상 확실히 드러난 거물급만 추려낸다는 발상은 과거 정권 시절 대충 써먹은 수법이라 그 실효성이 반감된다. 짧게는 60년, 길게는 100년의 세월이 흐른 이 시점에서 부일 진상 문제를 철저히, 제대로 규명하기가 힘든 시점에 와 있다.

이번 '부일 반민족행위 진상규명법' 발동을 환영하고 그 도덕성은 높이 사지만, 정치적 입김이 작용하는 점은 마음에 들지 않는다. 국가인권위원회 같은 한시적인 별도 기구를 만드는 것에 찬성하나 위원 구성에 대통령, 국회, 대법원 등이 3명씩 추천한다는 게 시작부터 관치(官治)가 작용하는 게 아닌가 하는 의혹이 앞선다.

어쨌든, 정치적 입김이 배제된, 객관적 안목을 갖춘 그 방면의 전문가들 머리로 이 사안이 다루어져야 한다. "시작이 반이다"란 말이 있지만 쇠뿔을 단김에 빼겠다는 만용보다 시간을 갖고 지속적으로 추진해야 함이 순리라고 본다. 부일 행위자 명단과 죄과를 낱낱이 밝혀 이를 책자로 낸다면 처음은 착오와 오류도 있을 것이다. 이를 연차적 작업으로 수정과 보완을 거쳐 개정판도 몇 차례 나와야 한다고 본다. 한편, 부일 행위자의 응징도 중요하지만, 사회주의 독립 운동가들도 복원시켜 후손에게 그동안의 불명예를 씻어주고, 하와이 사탕수수 밭에서 노동하며 한 푼 두 푼 독립기금을 모아 상해임정에 보낸 분들까지 발굴하여 등재함으로써, 명실상부한 일제하의 수난과 영광을 후손에게 물려줄 날을 고대해 본다.

제2부

사진집에 붙인 글

어릴 때 먹어본 눈물의 밥, 추위 속에 떨어본 아픈 기억을 모아 나는 전쟁 끝 휴전 무렵의 우리 가족사를 담은 『마당 깊은 집』이란 소설을 썼다. 내가 살았던 대구의 그 마당 깊은 집도 승용차가 들어설 수 없는 꼬불꼬불한 골목 안에 자리 잡고 있었다. 피란민들은 그 애옥살이 생활 속에서도 고향에 돌아갈 날을 기다리며 피란지 타향 땅에서의 모진 고생을 이겨냈다.

강운구 사진의 자연(自然)
— 『시간의 빛』에 부쳐
70년대 산동네 골목 풍경
— 『김기찬 사진집 — 골목 안 풍경』
서울에서 겪은 인공 치하 석 달
— 『한국전쟁 100 장면』에 쓴 글

강운구 사진의 자연(自然)

『시간의 빛』에 부쳐

1

강운구의 사진과 글을 대하면 그런 마음가짐부터 필요하지만, 이번에 출간된 『시간의 빛』 역시 느긋한 마음으로 소여물 씹듯 천천히 음미하며 읽어야 제 맛이 살아난다. 이를 테면 내 견해나 생각을 잠재우고 지은이의 시선을 따라가기인데, 그는 삼라만상의 현상을 통해 시간이 자연 속에 어떻게 숨 쉬며 생명력을 유지하고 소멸되는지를 섬세하고 주의 깊게 살피며 이를 조용한 목소리로 저작하기 때문이다.

늘 바빠 허둥대면서도 시간이 모자라 하루가 어떻게 가는지를 모르는,

자동기계 같은 복잡한 도시 생활에 익숙한 사람이 이 책을 잡으면 우리가 놓치거나 잊고 사는 자연이 아주 가까이에서 보일 듯 말 듯 존재하고 있음을 새삼스럽게 확인하게 된다. 책의 목차가 춘·하·추·동으로 구분되어 네 절기의 풍경과 그에 맞춤한 글을 담고 있기에, 계절이 어떻게 지나가는지를 미처 깨닫지 못하고 살아가는 도시인에게 신선한 대기의 산소를 공급하여 매연 자욱한 머릿속이 상쾌해짐을 느낀다. 그러나 그런 소박한 일차 감염에 자족하다보면 껍데기를 훑고 지나가는 난독(亂讀)에 머물고 말기 십상이다.

숨어서 피어났다 홀로 지는 깊은 산의 풀꽃, 장닭 벼슬 같은 맨드라미 꽃이 핀 장독대 주변의 옛 풍경, 쬐그만 제비꽃잎에 맺힌 눈물 같은 이슬방울, 아침 안개 속에 떠오르는 바닷가의 해맞이나 일몰, 낙과한 홍도(紅桃)의 선연한 붉은색….

강운구의 이번 책이 이런 옛 정취를 사진으로 찍고 글로 담아내고 있지만, 다른 한편으로 오늘의 절묘한 상업주의 역시 이런 풍광의 한순간을 놓칠 리 없다. 도시화·산업화·기계화에 왜소해 가는 현대인을 위무하는 방법으로 '자연의 잔영, 추억에의 회귀'를 풀어내어 메마른 감정을 세제로 자극하는 수법은 이미 고전이 되었기 때문이다. 많은 다큐멘터리 영상과 사진이, 시와 산문이 혈안이 되어 그쪽을 뒤지고 다니며 독자들에게, "비경(秘境)이 여기에 숨어 있다"고 보여 준다.

사진의 대중화와 흔해진 필름으로 마구 찍어대는 영상물이나, 사전을 뒤져 가며 온갖 풀이름을 다 동원하여 식물성 애잔함과 생명력을 그려 내는 시나, 오지를 찾아다니며 그 속에 숨어 사는 신선이 다 된 인간문화재급을 발굴해선 '자연과 혼연일체가 된 신선의 삶'을 취재해서 발표하는 글을 너무 흔하게 접하는 세상이 되었다. 현재의 팍팍한 삶을 팽개치고 그런 별천지 세계로 결코 뛰어들 수 없는 도시인들에게 청량 산소 한 보따리를 선물로 풀어놓겠다는 교묘한 상업적 저의를 품고 있기 때문이다. 그 상술은 대체로 성공한다. 도시인은 대리만족으로나마 이제는 돌아가기에 늦은 그리운 추억의 그 시간대에 동의하지 않을 수 없다.

사진으로 보여주는 강운구의 예술 작업의 고민은 거기서부터 출발한다. 변별성, 곧 나만의 또 다른 세계를 가져야만 내 예술과 작업의 존재 이유가 성립하기 때문이다.

강운구는 그 일차적인 방법으로 느리게 관찰하며 아끼는 마음으로 대상을 들여다보기에 집중한다. '그림이 되는' 아름다움과 쇼킹 너머에 있는 현상을 집중적으로 주목하여 그 내면의 진실을 담아낸다. 그런 과정을 통해 주체적 선입관이 아닌, 대상의 입장에서 이해하고 소중히 사유하기를 선택한 듯하다. 사진과 글이 함께 어우러진 이번 책을 읽을 때 더욱 그런 느낌을 강하게 받았다.

그는 요란한 촬영 장비를 챙기는 법 없이 홀가분히 길을 나서기 전, 먼저 무엇인가를 목표로 정하긴 하되 건질 게 없어 허탕치고 돌아오게 됨 역시 당연하게 받아들이고, 예전에 둘러보았던 곳이나 안 가 보았던 곳을,

한가롭게 '기웃거린다.' 시속의 변화가 사물을 어떻게 바꾸어놓았는지를 살피고, 여름에 가본 풍경이 겨울에는 어떻게 달라졌는지를 살펴 절기의 흐름을 들여다본다. 대상에 드리워진 빛과 어둠을 면밀하게 분석한다. 특히 아무나 볼 수 있는 평범한 그림을 애써 피하고 하찮은 부분, 숨어 있는 부분, 존재의 의미성을 감춘 부분을 열심히 살피며, '너를 만약 인쇄물에 올리게 된다면 미안한 걸' 하는 마음으로 자신이 왔다 간 자취를 무심히 슬쩍 사진에 담는다. 마치 자기의 예쁨을 드러내는 세속성과 늘 일정한 거리를 두고 감추며 살아온 강운구 자신이 그렇듯.

2

 강운구를 만난 지 햇수로 40년에 이른다. 학교는 달랐으나 대구에서 대학 시절에 그를 만났다. 20대 초반에 만나 서로가 이제 갑년을 넘겼으니 그동안 짧지 않은 세월이 흘렀다. 그런데도 나는 아직 강운구를 잘 모른다.

 나는 한 차례도 그와 여행을 해본 적이 없다. 길신 들린 그인지라 이 강산의 후미진 곳을 줄기차게 두루 섭렵했고 나 역시 적잖은 여행을 했건만 그와 동행한 기억이 전무하다. 그 긴 시간 동안 그와 만난 적이 스무 번 정도 될까? 일 년에 한 번, 어떤 때는 몇 년에 한 번, 그것도 이삼십 분 정도

얼굴만 보고는 헤어졌다. 경상도 사람 아니랄까 봐 "잘 있제?" "별일 없고?" 하는 인사가 고작이다.

서로가 비슷한 시기에 대학을 졸업하고 상경했으니 같은 서울 하늘 아래 30년 넘게 살며 그렇게 뜸한 교유에는 아무래도 술 얘기가 끼어들지 않을 수 없다. 강운구는 술을 못 마신다. 안 마시는지 못 마시는지 물어보지도 않았지만 맥주 한 잔을 앞에 놓고 술자리가 끝날 때까지 뜸만 들인다. 누구나 알다시피 그는 과묵의 정도를 넘어 말을 아낀다. 무심한 표정으로 남의 말을 다소곳이 경청하지만 자기 의사 표시는 거의 하지 않는다.

나는 애주가다. "원일이 갠 하루 낮 시간 동안 술 생각만 하며 해 지기를 기다린다"고 할 정도로 10대 후반 이후 술에 젖어 살아왔다. 술친구는

주로 작업을 마치거나 직장일이 끝나는 저녁에 만나기 마련인데, 술자리에 그를 불러내기에는 영 불편한 친구다. 내 경우 술을 마시지 않을 때는 그처럼 입을 꿰매고 지낸다. 술이 들어가야 말이 풀리는데, 쓸데없는 예술론을 맨송맨송한 그 앞에서 떠벌리기는 영 마땅찮다. 그러니 술을 마시지 않는 자리에서나 겨우 그를 보게 되니, 우리는 소 닭 쳐다보듯 인사와 안부 말이나 나누고 나면 서로 할 말이 없다.

가족 사정이나 자식 얘기를 묻기에도 대화가 통하지 않는 점은 나 이외에도 알 만한 사람은 안다. 그는 여태 홀몸이기 때문에 가족 소식이래야 그의 모친 안부 정도가 고작이었다. 그러나 그렇게 뜸하게 만나 오면서도 주변의 옛 친구를 통해 귓전을 스치는 소식으로, 서로 어떻게 살며 어떤

작업을 하는지는 대충 안다.

　강운구는 숨어 읽는 독서가이기에 쉬지 않고 써대는 내 소설도 더러 읽고 내가 어떤 글을 쓰고 있는지도 알고 있다. 그래서 서로 사정을 얼추 알기에 새삼스레 화제를 만들어 지껄일 이유가 없기도 하다. 이심전심일까? 나는 드물게 여는 그의 사진전을 둘러보며, '그동안 이런 작업을 했군' 하고 머리를 끄덕일 뿐, 그 앞에서 사진을 본 소감을 제대로 말한 적이 없다.

　2001년에 책으로도 나왔지만 〈마을 3부작〉 전시회에서 그를 만난 지도 몇 해가 지났다. 그때 그는 담배를 끊었다고 했다. "담배까지 끊으면 늙어 심심해서 어찌 사느냐?"고 내가 묻자, 그는 어설프게 웃곤 말을 아꼈다. "음악 듣고 등산하며 살지." 그는 속으로 그런 대답을 했을 것이다. 여전히 금연으로 잘 버티는지 어쩐지, 그 뒤 그를 만나지 못했기에 알 수 없다. 그때 본 〈마을 3부작〉은 태고 속에 묻힌 퇴락한 옛 초가의 잔영과 숫눈을 쓴 마른 나뭇가지들의 설경이 지금도 눈에 선하다.

3

　강운구가 독서가라고 말한 점은 『시간의 빛』을 읽어 보면, 그의 해박한 지식과 사색의 근원이 어디인지 알 수 있고, 그가 쓴 문장이 가진 품격에서도 잘 드러난다.

거의 같은 기간에 활짝 피었던 꽃들은 봄비가 마른 땅을 촉촉하게 적시고 지나가면 그 젖은 땅 위에 허허롭게 거의 동시에 눕는다. 그러면 이 땅의 짧은 봄이, 아우성이 지나간 것이다.

그때는 여러 꽃들이 제 순서를 따라 무리 지어 피어 나, 오는 계절을 노래하고 가는 계절의 흔적을 간직했었다. 그런 것들을 보고 살겠다고 그곳에 집들을 지었을 터이다. 그러나 마침내는 그런 꽃들과 풀들의 자리를 빼앗아 차지한 뒤에 '가든'을 만들고 거룩한 장미 울타리를 치고는 진하게 화장한 샐비어를 심는다.

추수 마친 저물녘 들판에 피어오르며 어둠에 잠기는 연기를 아련하게 바라본다고 해서 그리 큰 죄를 짓는 것은 아닐 것이다. 정적에 잠긴 가을 한때의 들판 같은 여백, 나에게도 그런 때가 있다면, 긴 막간 같은 여백이 있다면 좋겠다.

해가 수평선에 잠기고 나서 잠시 머뭇거리듯 컴컴해지다가, 못내 그냥 꺼져 버리기에는 섭섭하다는 듯이 그날의 부록처럼, 마지막 악장의 코다처럼 하늘을 장엄하게 밝히는 놀이 피어오르는 날이 있다. 섣달 그믐날 그러기를 바란다.

『시간의 빛』에서 아무렇게나 골라 본 문장이다. 단정한 사진을 곁들였기에 그런 느낌이 더 강하지만, 쉬운 표현으로 쉽게 전달하는데도 그의 문장은 산문시(散文詩)를 읽듯 긴 여운을 끌고 간다. 더러 세태를 꼬집는 촌철 살인을 박아 넣기도 하나 고발의 성토는 없고, 시속의 변화와 발전이라 부르는 성장이 사실은 우리네 삶에서 얻는 것보다 잃는 것이 더 많으므로 도시의 아스팔트를 걷는 걸음을 더 피곤하게 하고 쓸쓸하게 한다는 비감을 담고 있다.

「쑥쑥 자라는 찻잎」이란 글에서 차의 향내를 통해, 향기를 잃어 가는 오늘의 사람들에 대해 쓴 구절이 있다. 그는 녹차의 향내까지 바라지는 않지만 사람 냄새라도 풍기는 사람이 많았으면 좋겠다고 썼다. 녹차의 향내처럼 은은한 사람의 향내는 분명 맑은 정신에서 우러나옴이 틀림없다.

오늘의 세태에 차를 즐긴 초의선사나 추사 선생을 어찌 바라리마는 그런 진인(眞人)이 아니더라도 사람 냄새나마 제대로 풍겼으면…. 강운구의 그런 소망은 타인에게 바라는 기원이 아닌, 늘 자신을 돌아보며 꾸짖는 자기 성찰이다. 적어도 내가 보기에 그는 그런 사람이 되고 싶다고 소원하며 그 노력으로 자연의 순리, 그 이치를 깨닫고 배운다.

사실 이런 글은 어차피 주례사의 속성을 띨 수밖에 없다. 그래서 이런 글의 마무리쯤에 '그러나' 하며 짤막한 고언이나 조언을 부록처럼 끼우기도 한다. 나도 '그러나'를 달아 이 서평을 끝맺도록 하겠다. '그러나' 강운구의 삶이나 사진이 소박하고 진실하기에 여자의 화장 향내가 아닌, 찻잎처럼 떫은 향내가 난다는 말 이외, 따로 덧붙일 말이 없다. (2004)

70년대 서울 산동네 풍경

『김기찬 사진집 — 골목 안 풍경』

1

 1968년 2월 하순, 대구 소재 대학교의 졸업장을 쥔 이튿날, 나는 새벽 완행열차를 타고 서울로 올라왔다. 이불 보퉁이는 친구 양문길이 삼선교 언덕바지에서 하숙하던 집으로 먼저 부쳐 놓았기에 가방에는 봄살이 옷과 문학 서적 몇 권에, 원고지가 들어 있었다. 직장을 구해놓지도 않고 상경하는 길이라 불안한 마음을 차창 밖의 황량한 늦겨울 풍경에 박아놓은 채 내내 침울했다.
 '말은 제주도로, 사람은 서울로' 란 말대로, 나로서는 세 번째 서울살이를 시작하려 나선 길이었다. 이번에는 서울에 뿌리박아 '서울내기'가 되기로 단단히 결심했다. 1949년에 가족이 경남 진영 고향에서 서울로 상경하여 겨우 한 해를 살다 전쟁을 만나 피란을 나서서 우리 가족은 낯선 대구에 정착했다. 두 번째 서울행은, 문학에 뜻을 세웠기에 4·19혁명이 나던 해인 1960년에 서라벌예술대학에 입학하려 상경한 뒤 그 초급대학을 졸업하자 다시 대구로 내려갔다. 지방 사립대학에 편입하고 군 복무 등 어영부영 청춘을 탕진할 사이 겨우 문단 말석에 끼게 되자, 아무래도 소설을 제대로 쓰려면 문학의 중앙집권화 심장인 서울에 붙박아야 할 것 같아 세 번째 서울행을 단행한 것이다.

서울행 경부선 완행열차에는 처지가 나와 비슷한 남루한 농투성이 차림의 가족이 이불 보퉁이, 새끼줄로 묶은 종이 박스, 배부른 낡은 륙색 따위를 선반과 통로에 가득 재워놓은 채 나처럼 역시 두려움에 찌든 시선을 창밖에 멍청히 던지고 있었다. 그런 군상이 객차 한 칸에 네댓 무리는 되어 보였다. 먹고 살길을 찾아 막연한 희망을 안고 처자식과 함께 서울로 나선 길이었다.

"옥이 아부지, 짐 서방 집 약도는 잘 챙겼지예? 그거 잃가뿌리모 우리 식구는 낙동강 오리알입니더."

통로 건너편에 자리한 머릿수건 쓴 아낙이 묻는 말이었다.

"허허, 이 여핀네, 씰데읎는 걱정 그만하라꼬. 여게 숨카서 잘 보관하고 있다 카잉께."

구레나룻 시커먼 사내가 동정깃 까무족족한 핫저고리 안의 조끼 주머니를 툭툭 쳐보였다.

그들 식구는 열댓 살 단발머리 계집아이부터 코흘리개 네댓 살 된 사내아이까지, 자식이 다섯이었다. 총 일곱 식구가 먹고 살 길을 찾아 고향 땅을 버리고 "눈감으면 코 베어간다"는 서울행을 감행한 참이었다.

아낙이 입에 올린 김 서방이란 한두 해 전에 먼저 상경한 고향의 이웃 친지임에 틀림없었다. 서울 변두리에 터를 잡은 김 서방이 설날 맞아 양복을 차려입고 선물 보통이를 한 아름 들고 귀향하여 들려준 서울 생활에 솔깃하여 그가 남긴 서울 집 약도를 보물처럼 간직한 채 솔가하여 상경하는 길이었다. 김 서방이 고향 와서 전한 말로는, 서울은 일거리가 지천으로 널렸고 삼 시 세 끼니 밥 먹고살기에는 별 걱정이 없다는 너스레를 떨고 간 터였다. 무엇보다 자식 제대로 공부시키려면 자식이 어릴 때 서울에 터를 잡는 게 상책이라 했다.

60년대 초, 내가 서울에서 초급대학에 다닐 시절에는 종로와 을지로에 전차가 다녔고 신호등이 별 없었으며, 종로통을 건널 때는 건널목을 꼭 이용할 필요가 없어 양쪽을 살펴 차가 오지 않으면 그냥 유유히 큰길을 가로질러 건너곤 했다. 승용차가 드물었으며 모두 전차나 버스 등 대중교통을 이용했다. 동대문에서 세종로까지 정도의 거리는 버스비를 아끼느라 누구나 걸어 다니기 십상이었다. 천천히 걸으며 가로의 상점이나 통행인을 구경하면 심심하지 않았고 당시 서울 중심부는 공기도 쾌적했다. 그 시절 서울 인구가 1백 5십만 정도였으니 어깨를 부딪치며 걷지 않을 정도로 인도는 시원히 뚫려 있었다.

 1962년 박정희 소장이 군사 쿠데타로 정권을 잡고 차관 도입을 통해 경제개발의 신호탄을 올리자, 전 국토는 개발의 열기로 들끓었다. 그 개발은 수도 서울에서부터 시작하여, 울산 공업단지 조성에 따른 도시개발화가 선두를 이끌었다. 18세기 중엽, 영국이 증기기관의 발명을 시작으로 무진장한 식민지의 원자재를 등에 업고 산업혁명의 기치를 올리자 농촌 인구가 대도시와 탄광 지역으로 속속 유입되어 도시 빈민이 창궐한 현상을 한국도 그대로 답습한 꼴이었다. 셰익스피어 이래 가장 중요한 영국 소설가인 디킨스의 『올리버 트위스트』는 그 시절 런던의 빈민가를 묘사한 소설이다.

 농투성이들은 이밥(쌀밥) 한 그릇 덜떡지게 먹어보지 못했던 가난에서 탈출하는 길은 오로지 꿈과 희망의 땅 서울밖에 없었다. 내 대는 뼈 빠지게 고생 좀 하더라도 자식이 빈농 처지를 면함은 물론이고 서울에서 공부하게 되니, 장차 서울특별시 시민으로 살게 되리라 희망을 걸고 무작정 서울행 열차나 서울행 버스에 몸을 실었다.

 시골의 농투성이 삶이란 포도 달리듯 주렁주렁 달린 자식새끼를 초등학교 교육조차 변변히 시키지 못할 만큼 제대로 먹이지도 못한 채 짐승처럼 키웠다(한 예로 1963년도에 입대하여 전방의 연대(聯隊) 인사과 사병계를 담당할 때, 내 책상 앞에 꽂힌 연대 병력 인사기록카드의 학력란에는 초등학교 졸, 초등학교 중퇴, 무학이 80프로가 넘었고 중학 졸업자를 찾아보기 힘들었다. 중학교 졸업 학력만 되어도 예하 중대 서무병으로 뽑혔다).

1968년 2월에 상경한 나는 양문길의 소개로 3월 중순에야 부도가 난 후 재기에 안간힘 쓰던 출판사에 취직자리를 얻었다. 청계천3가 공구점이 몰려 있는 뒷골목 옥탑 방이 편집실이었고, 편집 직원은 나 말고 두 분, 첫 월급이 8천 원으로 책정되었다. 당시 하숙비가 5천 원이었으니 교통비·점심값·담뱃값과, 친구와 깡소주 마시기에도 모자라는 월급이었다. 그래서 나는 한동안 퇴근 때면 버스비를 아끼느라 하숙집까지 5킬로미터 넘는 길을 걸어 다녔다. 서울 생활의 적적함과 고단함, 내 문학의 장래에 대한 생각을 엮으며 비원 뒷길을 돌아 옛 서울대학 앞을 지나 걷는 밤길이 그리 피곤하지 않았다.

2

"서울로, 서울로!"

이렇게 서울을 찾아 농촌 인구가 집중적으로 몰려든 것이 60년대 중반 이후부터이고, 70년대에는 피란 열차를 방불케 할 정도로 호남선·경부선·중앙선 완행열차는 사시장철 이농(離農) 가족으로 가득 찼다. 그 대열은 80년대와 90년대까지 줄기차게 이어졌다.

70년대라면 전 인구의 80프로에 달하던 농촌 인구의 본격적인 해체가 가속화된 시절이었다. 우리나라는 단군 이래 한반도에 정착한 농경민족이었다. 그러나 척박한 땅에 인구는 과밀했고 병란이 잦았으며 탐관오리와 지주의 가렴주구는 어느 시대고 끊어지지 않았다. 농촌 인구의 7할이 소작농이었고 그들은 봄이면 송기를 벗겨 좁쌀 한 줌 넣고 죽을 끓여 먹어야 하는 춘궁기를 면할 수 없었다.

나는 70년대 10년을 꼬박 사당동에서 봉천동으로 넘어가는 언덕바지 일반 주택에서 살며 결혼 초기 한 시절을 보냈다. 그 10년 동안 그 집에서 할머니와 어머니가 별세했고, 슬하에 남매를 얻었다. 이웃한 신림동과 봉천동도 내가 살던 사당동처럼 구릉이 심했고 올망졸망한 여염집이 게딱지같이 언덕을 온통 덮고 있었다. 다닥다닥 붙어 앉은 집과 집을 버스가 다니는 한길과 연결하기 위한 골목길이 거미줄처럼 엉겨 있었다. 봉천동·신림동·사당동 사정은 요즘까지 이어져 산동네 재개발로 고층 아파트가 들어선 곳도 있고, 아직도 차가 다닐 수 없는 좁은 골목길 안은 남루를 벗지 못한 빈민들이 둥지를 틀고 있기도 하다.

해남에서 김해에서, 정선에서 청송에서, 빈농들이 그렇게 단봇짐 싸들고 상경한 70년대, 그들이 어디에다 이삿짐을 풀고 입살이에 나섰을까? 물론 터잡이는 중림동·아현동·천호동·행촌동·사당동·봉천동·신림동 등 서울 변두리 산동네였다.

시멘트 블록에 슬레이트로 지붕을 덮은 집들이 언덕을 야금야금 파먹으며 며칠 사이에 무허가로 뚝딱 지어졌다. 상수도와 하수도를 제대로 갖췄을 리 없었고, 전기는 끌어다 썼다. 관의 단속이 뜸할 사이 그런 무허가 집은 혹 붙이듯 곁채를 달아내어 방 한 칸을 늘려선 농촌에서 상경하는 가족을 사글세로 받아들였다. 한 가구에 방 한 칸씩, 서너 가구가 한울 안에 사는 집은 보통이었고, 한 방에 대여섯 식구가 콩나물처럼 붙어 자야 했다. 공동 화장실은 긴 줄을 서야 했기에 요강은 필수품이어서, 리어카로 옮겼던 단출한 이삿짐에도 요강만은 한 자리를 차지했다.

서울 하늘 밑에 그렇게 터를 잡은 고향 떠난 농투성이들의 일터는, 설맞아 귀향했던 '서울 선배' 말대로 무진장 널려 있었다. 몸만 성하면 코흘리개 아이나 늙은이들만 집을 지킬까, 모두 새벽 별 보며 일어나 일터로 달려 나갔다.

60년대에 서울에시는 최초로 마포아파트가 건립되었고 70년대로 들어서자 서부이촌동의 대단위 아파트를 시작으로 속속 아파트가 세워졌으니, 여기저기 파고 뒤집는 공사 현장의 날품팔이 일은 쉽게 잡혔다. 몸만 튼튼하면 '노가다꾼'이 농사일보다 힘들지 않았다. 남정네가 그렇게 나서면 아낙은 골목길을 누비는 야채·생선·옷팔이 행상에다 길거리에 좌판을 벌렸다. 식당 부엌 허드렛일이나 공사판 '함바'도 마다 않고 나섰다. 큰 딸애는 청계천 피복 공장 곁수나 구로공단 공원이나 버스 차장으로, 아이들은 신문팔이·구두닦이·껌팔이·우산 장사·휴지나 폐품 줍기·세차

장으로 뛰어 푼돈 벌이에 나섰다.

도시 인구의 폭발적인 유입은 각종 새로운 자영업자를 양산케 했다. 유유상종, 끼리끼리 모여 서로 뜯어먹고 산다는 생존 본능의 이치대로 빈민층을 상대로 빈민의 자영업, 이를테면 밥집·술집·잡화점·구멍가게·철물점·세탁소·이발관·미장원·문방구·집수리 전문점, 그 외 각종 점포가 빈민촌 초입에 닥지닥지 간판을 내달았다.

박태순의 『외촌동 사람들』 연작소설은 그런 이농자의 서울 변두리 정착과정을 그린 리얼리즘 문학의 기록이기도 하다. 오늘의 서울 인구가 1천만, 위성도시에다 인천시 인구까지 합치면 전국 인구의 4~5할이 서울과 그 주변부에 모여 있으니 이제 토종 서울 양반은 눈 씻고도 찾아보기가 힘들다. 오늘의 서울은 그렇게 70년대 전후 지방의 농촌 인구 유입으로 거대한 도시가 되었다.

통행금지가 있던 그 시절, 어둠이 내려도 가로등이 없던 산동네 골목길은 일터에서 돌아오는 사람들로 넘쳐났다. 봉지쌀과 채소 몇 단을 머리에 이고, 새끼로 연탄 몇 장을 꿰어 들고, 계단 많고 비좁은 꼬불꼬불한 비탈길을 서로 비켜주며 힘겹게 걸었다. 아낙이 늦게 돌아오니 밥 지을 물이 없어, 학교에서 돌아온 애들이 아랫동네로 내려가 몇 십 원 주고 공동 수도간의 물을 사서 양동이나 물지게로 지고 날라놓기도 했다. 가로등이 없어 얼굴을 볼 수 없지만 걸음걸이와 내쉬는 숨결에서 누구네 집 누구란 것쯤은 쉽게 짐작할 수 있었다. 너나 없는 가난이 공동체 삶을 견고하게 묶어주고 있었기 때문이다.

통금시간이 가까울 시간이면 공사판 일을 마치고 돌아오다 동료들과 골목길 입구 포장마차나 시장통 순댓국집에서 소주 한잔에 거나해진 남정네들이 고향 쪽 출신인 남진이나 나훈아의 트로트를 고성방가로 내질러 골목길을 떠들썩하게 했다. 봉제공·버스 차장·식당 종업원들, 더러는 뒷골목 주점의 술상머리나 갓 생겨나기 시작한 맥줏집 칸막이 안에서 술시중 들다 밤늦게 귀가하는 처녀들은 깜깜한 골목길을 종종걸음 치며 뛰었다. 그녀의 손에는 식구와 밤참으로 먹을 군고구마나 붕어빵 봉지, 새끼줄에 매단 수박 한 통, 갓 나와 입맛을 돋우던 라면 봉지가 몇 개쯤이 들려 있었다. 겨울철 눈이라도 내리면 비탈진 골목길은 뭇 발길로 다져진 눈이 꽁꽁 얼어붙으니 집집마다 연탄재 내다 뿌려 '연탄 길'이 되곤 했다. 미끄러운 비탈길에 낙상 사고로 넘어진 노친네가 골절상을 입거나 뇌진탕으로 사망하기도 했다.

온 식구가 나서서 그렇게 열심히 벌어 숨 돌릴 여유를 찾으면 어느 해 추석이나 설에 동대문시장이나 남대문시장에서 산 새 옷 한 벌 뽑아 입고 고향 지키는 늙은 부모님께 드릴 새 옷에 신형 라디오나 전기밥통 하나 사서 귀향 열차를 탔다. 금의환향인 셈이다. 그래서 아직도 춘궁기를 힘겹게 넘기는 이웃 친지를 서울로 불러올려 이웃에 살며 떠나온 고향 정을 나누었다.

요즘도 명절 맞으면 70년대 전후 서울로 몰려든 이들이 죄 고향을 찾으니, 그 당시 상경한 세대가 이승을 떠날 때까지 명절날 고향 가는 고속도로는 주차장이 될 수밖에 없다.

3

도시 빈민의 주생활 공간이 담으로 구획 지어진, 가족과 개인의 사생활이 보장된 집 안이 아니고 왜 사람들이 통행하는 골목길이냐에 대해서는 그곳에 살아본 사람만이 알 수 있다.

산동네 사람들은 방을 나서서 골목길에서도 방에서와 똑같이 엄동 한철을 빼고는 러닝셔츠에 고쟁이나 속치마만 입고 태연히 나앉았다. 그래도 그게 별 흉이 되지 않았다. 여름철이면 철없는 어린아이는 팬츠만 입고 윗도리조차 걸치지 않은 채 골목길을 놀이터 삼아 논다. 산동네는 집집마다 방이 비좁고 어두울 뿐 아니라 어린이 놀이터가 있을 리 없기 때문이다. 사람 하나 겨우 지나다닐 길만 남기고 골목길에 가마니나 명석 깔고 앉아 젖먹이 손자나 손녀를 돌보던 할머니가 목침 베고 쭈글쭈글한 젖을 반쯤 내놓은 채 코 불며 낮잠을 자도 그게 흉이 되지 않는다. 일상사가 그러했고 늘 보는 골목 안 풍경인 탓이다.

2003년, 오늘의 시점에서 서울과 서울을 에두른 위성도시만보더라도, 아무리 내 집 없는 사람이 많다지만 오늘의 도시 주거 환경은 비교적 사람이 살만하다. 세를 들어도 상하수도와 전기, 가정용 전기제품(전기밥솥·세탁기·선풍기·티브이는 기본이다) 몇 가지는 대체로 갖추어 살고 있다.

그러나 지금부터 2, 30년 전만 하더라도, 아니 아직도 그런 동네가 남아 있지만, 도시 빈민이 사는 산동네는 '집 안'이란 공간이 없다. 한 평 정도의 마당 가진 집이 드물고 그나마 그 공간은 주인 차지이다. 방이래야 한 평 남짓하니 굴속 같은 방은 세간 들여 놓으면 바람과 눈비막이, 추위막이, 잠자는 공간으로 활용될 뿐이다. 부엌은 처마에서 달아내어 연탄아궁이 놓고 찬장 놓으니 부뚜막조차 없기가 십상이고, 여자 둘이 들어서면 엉덩이 돌릴 공간도 없었다. 그러니 골목길에라도 나와야 하고, 골목길이 곧 낮 동안의 방 구실을 했다.

숨통 막히는 방 안에서 견딜 수 없다보니 아침부터 골목길에 깔개 깔고 나앉으면 동네 아낙과 늙은이들이 시골 우물터에 모이듯 모여들었다. 그들은 일 나갔다 돌아온 식구가 물고 온 서울 소식과 간밤 사이 일어난 온갖 새 소문을 재잘거렸다. 이웃 소식도 주고 받았다. 그들이 고향을 떠나오기 전 사랑방이나 머슴방이 그랬다.

도시가 공동체의 마을을 이룰 때는 학교·병원·공원·시장·탁아소·놀이시설·노인정 따위의 기본적인 편의 시설을 갖추어야 한다. 인간에게 노동하고, 먹고 싸고, 잠자는 공간만 필요하다면 이는 짐승의 삶에 다름 아니다. '인간다운 삶의 추구'는 인간이 최소한으로 누릴 수 있는 기본권이 충족되어야 한다. 그러나 7, 80년대 도시 빈민의 주거 환경 개선에는 국가의 재정적 형편도 못 따라갔지만 그런 문제에 신경 쓸 여유가 없었고, 숫제 관심 밖이었다.

압축 경제 성장이 부유층을 양산해 내었고 강남 개발에 따른 땅 투기로 있는 자의 배를 불려 주었으나 서민이 그런 층까지 쫓아갈 수는 없었다. 바쁘고 힘겹게 오직 '내 집 한 칸' 마련에 줄달음질쳤다. 빈민층의 생활은 전혀 개선될 기미를 보이지 않았다. 그 결과 지엔피 1만 5천 달러 시대인 오늘에도 전 인구의 85프로가 모여 사는 도시의 절대 빈민층이 약 3백 50만에 달한다는 통계를 읽은 적 있다. 그들은 아직도 의식주 걱정에서 자유롭지 못한 상태로 방치되어 있다.

사람들에겐 누구나 자신의 황금기 시간대가 있다. 2030세대는 작년 월드컵 때 붉은 셔츠 군단으로 전국 축구장과 서울 시청 광장을 뒤덮었고, 미군 장갑차에 희생된 여중생 2명의 죽음으로 촛불 시위를 이끌어내었으며, 연말 대통령 선거에서 폭발적인 위력을 과시했다.

그들 세대는 평생 2002년을 잊지 못할 것이다. 그들도 내 나이쯤 되면, "우리도 젊었을 때 말이야, 그해는 정말 굉장했지…" 하며, 활화산처럼 타올랐던 청춘의 한때를 오뉴월 엿가락처럼 한참 뒤 신세대 젊은이에게 늘어놓을 것이다. '4·19세대'라 불리는 우리 세대도 2030세대의 시절이 있었다. 그 시절이 '김기찬의 골목 안 풍경'과 맞물려 있기에 특별한 의미

사진집에 붙인 글 137

로 닿아 올 수밖에 없다.

4

『김기찬 사진집 — 골목 안 풍경』을 보면, 가난과 더불어 삶의 현장이 올곧게 드러난다.

짓궂은 낙서 많은 골목길 담벼락의 빨랫줄에 빨래 늘어놓았고, 아이들이 골목길을 놀이터 삼아 까불고 있고, 노인들이 계단에 무료히 앉아 졸기

도 하고 담배질하는 모습도 볼 수 있다. 이웃 아낙들이 모여 앉아 동네 소문을 재잘거리거나, 골목길에서 들통에 빨래판 걸쳐놓고 아낙이 옷을 빨고, 싸구려 옷 보퉁이를 양 어깨에 메고 행상하는 여인이 나오고, 개 또는 고양이를 어르는 아이와 아낙도 있다. 물지게로 가파른 언덕길로 물을 나르는 아낙, 산동네 어린이의 머리를 깎아주는 이동 이발사, 쏟아지는 장맛비 속에 비닐우산 받쳐 들고 행상 나간 엄마를 기다리는 아이 업은 소녀 등, 이제는 잊혀진 70, 80년대 우리 서민의 모습이 사실 그대로 생생하게 담겨 있다.

그 시간대가 불과 2, 30년 전인데 까마득한 세월 저 멀리에 그 시절이

존재하는 듯 느껴진다. 내가 그렇게 느낄진대 2030세대는 태어나기 전, 또는 유아기에 그 세월을 겪어 그 시간대가 기억 속에서나마 희미하게 남아 있을까? 세파를 헤집고 가난 속에서 아등바등 살며 오로지 자식들 성공시키려 흘린 부모님의 슬픔과 눈물을 잊지 않았나 모르겠다. 부모님이나 큰형, 누나가 그 시절 고생담을 노래 삼아 주절거렸을 테니 잊을 리야 없을 것이다.

  요절한 기형도(1962~1989)의 시 「엄마 걱정」을 보면 그 시절 산동네 사람들의 스산한 삶이 슬픔 속에 녹아 있다.

> 열무 삼십 단 이고
> 시장에 간 우리 엄마
> 안 오시네, 해는 시든 지 오래
> 나는 찬밥처럼 방에 담겨
> 아무리 천천히 숙제를 해도
> 엄마, 안 오시네. 배추잎 같은 발소리 타박타박
> 안 들리네, 어둡고 무서워
> 금간 창틈으로 고요히 빗소리
> 빈방에 엎드려 혼자 훌쩍거리던
>
> 아주 먼 옛날
> 지금도 내 눈시울을 뜨겁게 하는
> 그 시절, 내 유년의 윗목

그런데 김기찬의 사진을 보면 가난 속의 남루한 삶이 세세하게 드러나지만, 가난의 원한이나, 그들의 피눈물이나, 외로운 죽음 따위에 초점을 맞추지 않는다. 그렇기 때문에 통곡 같은 진한 슬픔은 느껴지지 않는다. 가난 속에서도 대체로 웃고 즐기며 노동하는 건강한 모습을 담담하게 담아내고 있다.

특히 산동네 어린이는 그 표정이 한없이 천진스럽고 밝다. 그런 사진을 보면 작가의 시각이 우물물을 길어 올리듯 슬픔을 길어 올리려 애써 노력하지 않았음을 알게 된다. 아니, 김기찬은 가난 속에 그들의 꿈과 희망을 길어 올리려 렌즈의 초점을 맞추었다. 가난 속에 어른은 늙어가고 아이들은 자라겠지만 그들은 모두 내일의 희망이 있기에 오늘을 견디어 낸다는 '가난의 힘'을 흑백 화면으로 역설하고 있다.

김기찬이 포착한 그런 '희망의 증거'를 우리는 한 장의 사진을 통해 확인할 수 있다. 1972년 9월 4일 사진작가는 서울 중림동에서, 서양 인형을 등에 매단 어린 동생을 업은 언니의 사진을 찍었다. 동생은 언니가 고마워서, 언니는 동생이 귀여워서, 자매는 순박하게 웃고 있다.

그로부터 꼭 30년 세월이 흐른 뒤 2001년 12월 9일 사진작가는 당시의 자매를 힘들게 찾아내어 그 가족을 카메라 앞에 세우고 다시 활짝 웃는 모습을 연출했다. 당시 네댓 살이었던 동생은 삼십 중반의 튼실한 숙녀로, 언니는 중년 아낙으로 세월의 앙금 속에 성숙해있다. 산동네 골목 안에서 가난한 유년 시절과 소녀 시절을 체험했지만 이제 그들은 서울특별시 보통 시민으로, 올망졸망한 어린 자식을 키우느라 허리 한번 제대로 펼 짬 없었던 어머니도 행복한 노년을 맞고 있음이 차림새에서도 한눈에 다가온다. 일행 뒤에 임립한 고층 건물들을 보라. 서울도 30년 전과는 확연히 달라져 있다.

어릴 때 먹어본 눈물의 밥, 추위 속에 떨어본 아픈 기억을 모아 나는 전쟁 끝 휴전 무렵의 우리 가족사를 담은 『마당 깊은 집』이란 소설을 썼다. 내가 살았던 대구의 그 마당 깊은 집도 승용차가 들어설 수 없는 꼬불꼬불한 골목 안에 자리 잡고 있었다. 피란민들은 그 애옥살이 생활 속에서도 고향에 돌아갈 날을 기다리며 가족이 뭉쳐 피란지 타향 땅에서의 모진 고

생을 이겨냈다.

　김기찬의 골목 안 사람들 역시 보퉁이 싸서 다시 고향을 찾지 않고 끝까지 '서울내기'로 남기 위해, 그 꿈과 희망을 실현하기 위해 남루한 삶을 꿋꿋이 이겨나갔다. 그 진실한 모습이 사진 속에 담겨 있다. 그래서 거짓이 아닌 진실만이 감동을 준다는 사실을 김기찬 사진집이 다시 깨닫게 해 준다. (1993)

서울, 인공 치하 석 달

『한국전쟁 100 장면』에 쓴 글

1

이 원고를 청탁하며 눈빛출판사에서 『지울 수 없는 이미지』란 묵직한 사진집 한 권을 보내 주었다. 한국전쟁 당시의 참혹한 현장을 생생히 증언해 주는 기록사진집이었다. 사진집 중간에 있는 '학살 편'의 수십 장 현장 사진을 보며 나는 울었다. 나무 형틀에 일렬로 묶어놓고 눈 가린 채 총살하는 장면, 구덩이에 살아 있는 사람을 그대로 매장하는 현장, 형체조차 식별할 수 없게 늘어놓은 수많은 총살 당한 시체….

인간이 인간을, 더욱 동족이 동족을 어떻게 이렇게 대량으로 처형할 수 있었을까를 직시하자, 아닌 말로 모골이 송연했다. 죽임에는 아무 이유도 없었다. 교육조차 제대로 받지 못한 양민, 노약자, 어린아이를 적이나 이념의 배반자로 몰아세울 수 없을 텐데도 적이란 이름으로, 그렇게 죽였다. 미치광이나 살인광의 짓이라 할 만한데, 죽인 자들은 정상적인 인간이었다.

어린 나이였지만 내 세대는 그런 시대를 살았다.

문단에 나온 지 40년 동안 나는 서른 권 정도의 소설을 썼다. 그중 많은 분량이 한국전쟁 전후를 다룬 소설이다. 왜 끈질기게 그토록 오랫동안, 많은 분량을 그 시대의 진실을 밝히기 위해 매달려 왔을까? 여러 이유가 있겠으나 먼저 할 수 있는 말은, 그 시대는 내게 평생 지울 수 없는 상처로 남아 있기 때문일 것이다. 전쟁에 대한 잔영은 끊임없는 욕구로 내 창작의 샘을 파게 했던 것이다.

2

나는 일제 말 태평양전쟁이 한창 치열할 때인 1942년, 경남 김해시 진영읍 중심부에서 태어났다. 내가 태어나기 전부터 사회주의 운동에 헌신했던 아버지는 1945년 8월 해방을 맞자 부산형무소에서 석방되었다. 집을 비운 채 동분서주하며 남로당 경남도당 부위원장으로 지하 암약했던 아버지는 당의 소환을 받아 1948년 단신으로 서울에 올라갔다. 동지의 배신, 집요한 수사 당국의 추적으로 남로당 중앙당이 궤멸 상태에 직면하자 중앙당에서는 남한 수사기관에 얼굴이 잘 알려지지 않은 지방당 세포로서 아버지 같은 자가 필요했다고 짐작된다.

우리 식구는 1949년 봄, 아버지의 부름을 받아 야반도주하듯 진영 땅을 떠나 상경 길에 올랐다. 충무로4가 네거리에 있던 변압기와 발전기 따위를 판매하던 '영진공업사' 건물 뒷마당에 있던 다세대주택 함석집 방 한 칸에 엄마와 나, 동생, 세 식구는 짐을 풀었다. 누나는 고향 고모네 집에 맡겨졌다 가을에야 상경했다. 그 결과 우리 가족은 이듬해 6월에 닥친 인공 치하 석 달을 서울에서 겪게 되었다. 내 나이 만 일곱 살 때였다.

전쟁이 나고 3일 만에 서울에 인민군이 들어오자 아버지는 지하활동을 중단하고 성동구 인민위원장을 거쳐, 인민군의 남한 점령지를 총괄한 서울시당 재정경리부 부부장으로 지상에 나타나 활동했다. 당시 나는 화원시장 옆 영희초등학교 2학년이었다. 지금도 그 당시 내가 본 서울 상황을 어제 겪은듯 기억하고 있다.

전쟁은 1950년 6월 25일 일요일 새벽에 터졌다. 그날 동대문 서울운동장에는 전국고교야구대회가 열렸다. 거리 전파사의 방송 뉴스를 통해 삼팔선에 무력 충돌이 있다는 소식이 알려졌으나 그 당시는 그런 국지전이 자주 있었기에 으레 그러려니 하여 시민들은 별로 동요하지 않았다. 시내

거리는 초여름의 단 볕 아래 비교적 평온했다.

26일 낮, 비행기 한 대가 굉음을 지르며 충무로 하늘을 낮게 스쳐 가더니 4가 네거리에 포탄 한 개를 떨어뜨리고 사라지는 걸 보았다. 길 건너 이층집이 폭삭 내려앉았고, 길가 전선주가 쓰러졌다. 동무들과 길거리에서 놀다 그 집 앞으로 달려가 보니 이 층에 있던 학생이 죽었다고 쑤군거리는 소리를 들었다. 인민군 비행기는 그때 유일하게 보았고, 그 다음은 다시 볼 수 없었다.

가뭄 끝에 단비가 쏟아졌던 27일 밤, 우리 식구는 영진공업사 건물 지하 방공호에 숨어 있었다. 일제 때 지어진 열 평 남짓한 견고한 시멘트 방공호로 등잔불과 촛불을 켜 어둠을 물렸다. 우리 식구 외에도 두 가족인가 더 방공호에 피해 있었는데 한 지붕 밑에 살던, 모두 지하 남로당에 적을 둔 식구였다. 영진공업사 자체가 남로당 아지트였던 셈이다. 밤 내도록 벽을 뚫고 들어올 듯 연이어 터지는 총소리와 포 소리에 지하실에 있던 모두가 뜬눈으로 밤을 새웠다.

28일 새벽녘이 되어서야 총소리가 잠잠해졌다. 어머니 눈을 피해 나는 오줌을 누러 가는 체하며 살그머니 지하실을 빠져나왔다. 충무로4가 네거리 남산 쪽 코너에 영진공업사가 있었기에, 나는 정적에 잠긴 네거리로 나서 보았다. 비가 그쳤고, 거리는 텅 빈 채였다. 순간 정적을 가르며 총소리가 귓전을 스쳤고, 길 건너 미명 속에 총을 든 여러 그림자가 지나쳤다. 처음 본 인민군들이었다.

지하실에서 전날 저녁에 해둔 아침밥을 한술 뜨고 누나와 옆집 동무와 함께 거리로 나갔다. 아랫길 을지로 쪽에 와자한 함성이 터져 그쪽으로 걸음을 재촉했다. 을지로에는 서울에 입성한 인민군의 시가행진이 벌어지고 있었다. 나뭇가지로 위장한 탱크를 앞세우고 행진하는 인민군들이 인도에 몰려나와 만세를 부르고 박수를 치는 시민들에게 손을 흔들어 보였다. 홍안의 소년병도 섞여 있음을 보았다. 어른들 사이에 끼여 한참을 구경하다 집으로 돌아오는 길에 보니 구멍가게가 포탄에 박살나 길가에 각종 사탕과 과자가 흩어져 있었다. 우리는 모두 주머니가 차도록 사탕과 과자를 주워 담았다.

그 이튿날인가, 확실치는 않지만 오랜만에 아버지가 집에 나타났다. 행색 남루하고 텁수룩한 남자들이 여럿 와서 아버지에게 무릎 꿇어 연방 머리 조아리더니, 김 동지 고맙다며 엉절거리는 모습을 보았다. 뒤에 안 일이지만 서대문형무소에서 풀려난 '사상범'이었다. 서대문형무소의 죄수를 심사할 때 그 출신 성분을 감별하는 일에 아버지가 관여해, 그 고마움을 표하려 집으로 찾아온 '동지'들이었다. 그날 이후 56년이 지난 오늘까지 아버지를 볼 수 없었다. 북한에서 연락부 대남사업 책임지도원으로 활동하다 1976년 금강산 부근 서광사 요양소에서 폐결핵으로 사망했다는 소식만 풍문으로 들었을 뿐이다.

28일 새벽, 서울 점령에 앞서 인민군 특공대 선발팀이 먼저 들이친 곳이 서대문형무소였다. 남로당 최고지도부 3인 중, 김삼룡과 이주하가 형무소에 수감되어 있어 그들을 구출하기 위해서였다. 그러나 남로당 거물급들은 26일에 이미 처형된 뒤였다. 김삼룡은 형무소 안에서 시신마저 찾을 수 없어 미스터리로 남아 있었는데, 몇 년 전 신문 귀퉁이에서 관련 소식을 확인할 수 있었다. 26일 김삼룡 및 수뇌 급 몇은 형무소에서 끌어내 남산에서 별도로 처형해 묻어 버렸다는 것이다.

동네 아이들과 함께 시청 광장에서 열린 '서울 해방 환영 인민 대회'에 구경 나갔다. 흰옷 입은 사람들이 구름같이 몰려 있었다. 양산 쓴 아녀자들도 많았다. 그들은 인공기를 흔들며 단상의 연설자를 열렬히 환영했다.

광화문 앞길을 거쳐 중앙청 옆을 지나가다 낮은 돌기둥 담장 안, 풀밭에 앉아 있던 일군의 추레한 사람들을 보았다. 그들 중에는 여자도 섞여 있었다. 당시는 무심코 스쳐갔지만 나중에 어느 글에서 보니, 제주도 4·3사건에 연루되어 마포형무소에 갇혔다 석방된 자들이었음을 알게 되었다. 제주도가 하루빨리 해방되어야 고향으로 돌아갈 수 있는데 낯선 서울 땅에서 그때까지 어떻게 버티어 내느냐는 걱정으로 수심에 차 있던 모습들이었다.

3

인공 치하 석 달을 서울에서 나며, 나는 후방의 전쟁 상황을 많이 목격했다.

  7월 중순부터 시작된 미군 비행기의 공습은 대단했다. 처음 한동안은 공습 사이렌이 길게 울려 거리의 사람들이 건물 속으로 피하면 곧 이어 창공에 미군 비행기 편대가 반드시 나타나 폭격을 퍼붓고 사라졌다. 그러나 8월에 들자 비행기 편대가 서울 하늘을 점령하다시피 떠 있고 시도 때도 없이 폭격을 해대자 사이렌 소리는 울리지 않게 되었다. 대여섯 대씩, 어떤 때는 열 대가 넘는 비행기들이 나타나 땅으로 떨어질 듯 내리꽂히며 기총소사를 쏟아 붓곤 다시 상승하며 포탄을 주르르 떨어뜨렸다. 몇 차례 폭격을 반복하곤 남쪽 하늘로 사라졌다.

  학교가 징발 당하자 피란을 못 간 초등학교 학생들은 방학 때임에도 교회에 매일 등교해야 했다. 학교는 인민군에 수용되었기에 학생들은 빈 교회를 이용해 공부를 했던 것이다. 북에서 내려온 여선생이 공부를 가르쳤는데, 특히 북한 노래를 많이 배웠다. 오후에는 열 지어 거리로 나가 비행기 폭격으로 무너진 건물의 벽돌 더미를 길가로 치우는 일을 했다. 비행기가 나타나면 재빨리 건물 안으로 숨었다. 용산에 있던 저유소와 탄약 저장창이 항공 공격을 받아 낮 내도록 폭발음이 들렸고, 부상당한 시민이 피를 흘리며 업혀서 남산을 넘어오는 걸 보았다. 그날 남산 위 하늘이 검은 연기로 덮였는데, 그 연기 탓은 아니었겠지만 저녁이 되자 비가 내렸다.

  8월에 접어들자 야간 공습이 특히 심했다. 어둠이 내리면 일체 불을 밝힐 수 없고 창문을 가릴 수도 없었다. 저녁밥도 해 지기 전에 지어서 먹어

치워야 했다. 밤에는 미군 정찰기가 서울 하늘을 점령했다. 민청에서 집집마다 나누어 준 스탈린과 김일성 초상화를 방 벽에 붙여 놓아야 했는데, 밤에는 정찰기에서 내쏘는 탐조등 불빛이 그 초상화 위를 훑고 지나가는 것을 본 적도 있다.

어느 날 밤, 가까이에서 포탄 터지는 소리가 요란하게 들리고 우리 집 함석지붕 위까지 날아온 돌조각이 쏟아졌는데, 이튿날 나가보니 있던 집은 간데없고 큰 웅덩이가 패여 있었다. 이웃 사람들 말이, 그동안 의용군 징집을 피해 숨어 있던 장정이 피란길에 나서기 전 밥을 지어 먹다 그 불빛이 비행기에 들켜 포탄을 맞았다고 했다.

서울은 차츰 잿더미로 변해 갔다. 인민군이 남한 어디까지 해방시켰는지 지도까지 그려 넣은 뉴스 판이 거리 담벼락에 자주 바뀌어 붙여졌다. 영진공업사 앞길 한가운데 부서진 인민군 탱크가 한 대 방치되어 있었는데, 동네 아이들에게는 그 탱크가 놀이터였다. 당시 충무로 길은 포장되지 않은 상태로 장충동 빨래터까지 구불구불 이어져 있었다.

피란 못 간 서울 시민도 입에 풀칠은 해야 했다. 화원시장에 나가 보면 사람 떼거리로 시골 대목장을 방불케 했다. 집에 있는 온갖 것을 갖고 나와 난전에 펼쳐 놓고 팔았다. 사람들은 양식감과 푸성귀를 구하려 혈안이 되었다. 서울 시민은 먹을거리를 구하러 사대문을 빠져나갔고, 먹을거리를 물물교환하려 서울 근교 사람들이 성내로 들어오기도 했다. 청계천 쪽으로 나갔다가 청계천 바닥 오물 사이에 걸레처럼 던져져 있는 시체도 숱하게 목격했다. 사람 목숨이 파리 목숨이었던 때인지라 옆집 사람이 폭격을 맞고 죽어도, 그러려니 했지 놀라지 않았다.

북한군 입성 전날 밤 영진공업사 지하실에 피해 있었던 우리 식구와 다른 가족은 양식 걱정 없이 지낼 수 있었다. 성분이 좋은 가구였기에 충분한 양의 배급을 받았던 것이다. 어느 날 지프차를 타고 집에 들른 내무서원이, 아버지가 보내서 왔다며 양식감과 큼직한 옷 보퉁이를 던져 놓고 갔다. 옷 보퉁이는 서울에 거주한 미국인 집에서 나온 옷가지들인지 모두 미제였다. 나는 그때 처음으로 어린이용 청바지를 입어 보았다. 호주머니가 많았던 게 신기해 기억에 남아 있다.

내가 보고 격은 인공 치하 석 달의 서울 시민들 삶을 나는 소설 『불의 제전』에 사실 그대로 썼다. 인공 치하 석 달을 그린 분령만도 원고지 1천4백 매 정도로, 일곱 권 중 한 권을 차지했다. 『불의 제전』은 전쟁이 난 해 1월부터 10월까지, 고향 진영과 서울·평양이 소설의 무대이다.

4

9월 29일 국군과 유엔군의 서울 수복 전후, 우리 식구가 당한, 마치 소설 같았던 극적인 상황 역시 『불의 제전』에 사실 그대로 그렸다. 국군과 유엔군의 인천상륙작전 성공이 9월 15일이었다. 거리상으로 보아 이틀이면 서울로 진입할 수 있는데 서울 탈환 성공이 9월 28일이니, 장장 14일이나 걸렸다. 그만큼 서울 사수에 임한 인민군의 저항이 완강했던 것이다. 인민군은 낙동강 전선에서 철수한 전 병력을 서울 방위에 투입했다(아버지는 구로 지역 방위선 후방부 부책임자였고 책임자는 서울시당 위원장 김응빈이었다).

인천에서 서울 진입은 한강 인도교(파괴된 상태였지만 당시 한강에 걸린 교량은 이것밖에 없었다) 쪽 돌파가 정면이었는데, 국군과 유엔군은 정면 공격에 번번이 실패했다. 그러자 병력을 두 갈래로 나누어 한쪽은 지금의 성산대교 지점에서 신촌을 향해, 한쪽은 지금의 성수대교 쪽인 왕십리 방향이었다.

23일 쯤에야 국군과 유엔군이 한강을 넘을 수 있었다. 서울이 외곽부터 뚫린 것이다. 독립문 부근의 안산 공격과 방위는 결사적이어서 사흘간 공방전으로 산우 오통 쌍방의 시신으로 뒤덮였다.

인천상륙작전으로 기습공격을 당한 인민군은 서울을 내어줄 14일 동안 북으로 가져갈 것, 불태워 없앨 것, 잡아 둔 우익 인사의 처형, 납북 인사의 강제 송환을 마무리 지었다. 대중가요에도 있듯 북으로의 이동로는 미아리 쪽 아리랑고개였다. 인공 치하 석 달 동안 음으로 양으로 북에 협조했던 사람들도 후퇴하는 인민군에 줄을 대어 식구를 이끌고 따라나설 수밖에 없었다. 서울 시내는 대혼란에 빠졌다.

27일인가, 29일인가, 날짜 기억이 분명하지 않지만, 동네 동무들과 세

종로로 나가 보았는데, 나는 깜짝 놀랐다. 지금의 이순신 장군 동상 선 데부터 중앙청 정문까지는 길 가운데 시체가 이 층 높이의 피라미드 꼴로 쌓여 있었다. 가마니로 대충 덮어두었는데 늦여름의 따가운 햇살 아래 시체에서 풍기는 시취가 지독해 코를 막아야 했다. 중앙청 지하실에 잡아둔 우익 인사를 인민군이 철수에 앞서 처형한 시체였음을 훗날 알았다.

국군이 중앙청에 태극기를 꽂은 28일, 그날 벌어진 일을 나는 잊을 수 없다. 그날에 있었던 장면들을 나는 지금도 기억하고 있다.

그즈음 인민군의 전세가 기울고 있음을 하루하루마다 피부로 느끼는데, 아버지는 일체 집에 나타나지 않았다. 피란 준비를 해 놓고 집에서 기다리면 차를 가지고 가겠다는 아버지의 연락을 인편으로 받은 지도 며칠이 지났다. 만약에 무슨 일로 상봉 못하게 되면 왕십리에 있는 누구네 집을 찾아가라는 쪽지를 아버지가 보냈다고 했다. 왕십리 그 집 주인이 우리 식구 신변을 보호해 줄 거라는 것이다.

28일 아침이었다. 아침밥 서둘러 먹고 짐을 꾸려놓은 채 아버지가 나타나기만을 초조하게 기다리고 있었다. 나는 몇 차례 길거리에까지 나가보기도 했다. 길은 을씨년스레 비어 있었고 이따금 피란 보퉁이를 맨 가족이 건물 벽에 붙어 어디론가 서둘러 길을 재촉하고 있었다.

아침 10시쯤, 마당에서 총소리가 들려 식구가 놀라 밖으로 우르르 나가 보니 놀랍게도 남산 쪽에서 내려왔음이 틀림없을 무장한 흑인 병사 몇이 뭐라고 소리치며 손짓을 해댔다. 집 안에 있는 사람들은 다 나오라는 손짓이었다. 다세대주택 사람들이 모두 마당으로 나오고, 이웃에서 온 구경꾼이 마당에 울을 쳤다. 흑인 병사 하나가 지붕으로 올라가더니 드르륵 총을 갈겼다. 짐을 꾸리느라 그랬는지 행동이 굼떴던 노인이 다리에 피를 흘리며 절름거리며 마당을 나섰다.

이웃의 누군가가, 빨갱이 집을 미리 알고 덮친 모양이라고 쑤군거렸다. 당시 초등학교 5학년이었던 누나가 어머니 치마를 당기며, "아버지를 잡으러 온 미국 병정인데 지금 피하지 않으면 우리 식구 모두 죽는다"고 소곤거렸다. 그제야 어머니도 정신이 퍼뜩 드는지, 어서 왕십리로 가지자고 말했다. 챙겨 놓은 짐을 가져올 짬도 없었다.

태어난 지 두 달밖에 되지 않은 막내동생을 업은 어머니와 누나와 나, 다섯 살배기 아우(현재 계명대 교수이며 소설가인 김원우)가 사람들 사이에서 빠져나와 을지로4가 쪽으로 숨 가쁘게 뛰었다. 을지로에 도착하니 이미 5가 쪽에서 국군이 밀려들고 있었다. 거리를 가로 막아 모래 부대로 바리케이드를 쌓은 뒤에서 인민군이 열심히 기관총질을 하고 있었다. 시가전이 한창 벌어지는 현장으로 우리 식구가 뛰어든 꼴이었다.

아우의 손을 잡고 부서진 건물 처마 밑 인도로 을지로5가를 향해 뛰어갈 때 맞은편에서 총질을 하며 진격하던 국군과 마주쳤다. 우리 식구 말고도 국군을 맞이하기 위해 길가로 나와 선 민간인들이 있었다. 한 병사가, 민간인은 골목길로 피하라고 소리쳤다. 미군은 보이지 않았고 국군 해병대가 전위를 맡고 있었다. 스탈린과 김일성 초상화를 가운데 비치하여 소나무 가지로 장식해 세워 놓은 개선문 아치가 불에 타고 있었다. 우리 식구는 을지로 뒷길로 들어서서 왕십리 쪽으로 뛰었다.

그날 정오로 서울 사대문 안에 인민군의 자취는 사라졌고 국군과 유엔군에 의해서 시내가 평정되었다.

이튿날, 꾸려 둔 채 옮기지 못한 짐을 찾으려 충무로 집에 다시 가 보니, 이웃 사람들 말이 이랬다. 우리 식구가 피한 직후 흑인 병사들은 곧 사라졌고, 뒤이어 아버지가 스리쿼터를 타고 집으로 들이닥쳤다고 했다. 그러나 이미 우리 식구는 왕십리로 떠나고 없었다. 아버지가 탄 스리쿼터는 그 길로 창경원 쪽으로 급히 사라졌다는 것이다. 당시 충무로2가 있던 수송초등학교가 서울시당 방위사령부 본부였고, 아버지는 마지막 철수 팀을 지휘했던 모양이었다. 그날 오전, 서울 시내는 곳곳에 산발적인 전투가 벌어져 경계선 없이 혼전 중이었다. 십여 분 사이로 우리 식구는 갈렸고, 아버지가 단독 월북함으로써 이산가족이 되었다.

후일담이 되겠는데, 1951년 1·4후퇴로 서울이 다시 인민군 수중에 들어갔을 때, 서울에서 아버지를 본 사람이 있었다고 했다. 아마 가족을 찾아 다시 내려왔는지도 모른다. 아버지는 그해 봄 남한 출신 월북자로 유격대를 조직하여 태백산맥을 타고 경북 일월산 부근까지 내려와 후방 투쟁을 하다가 1952년 겨울에 다시 월북했다고 알려졌다. 1954년 스위스 제네바에서 열린 남북 포로 교환 송환 회의에 아버지는 북한 대표 일원으로 참가하기도 했다. 그해 경기도 개풍 출신 여성과 결혼하여 슬하에 남매를 두었다. 이런저런 아버지의 전쟁 전후 이력과 1976년 7월에 강원도 금강산 부근 서광사 요양원에서 폐결핵으로 별세했단 소식은 1998년에야 어떤 경로를 통해 확인할 수 있었다. 증언자의 말은 여러 점에서 신빙성이 있었다.

5

우리 식구는 왕십리의 디귿자 기와집 문간방에서 10월 하순까지 막연히 아버지를 기다리며 견뎌냈다. 밤이면 집 앞 골목길로 순찰 도는 경찰이나 청년방위대의 저벅거리는 발자국 소리에 숨을 죽여야 했다. 그들은 인공 치하 석 달 동안 서울에 잔류한 시민 중 부역자를 색출해내려 밤중에도 대문 박차고 들이닥쳐 만행을 일삼았던 것이다.

우리 식구는 충무로 집에서 가져온 옷가지 등, 지닌 물건을 시장의 난전에 내다 팔아 양식을 조달했다. 동사무소와 청년방위대 사람들이 낯선 우리 식구를 두고, 어디에서 살다가 왜 이곳에 왔느냐며 뒤를 캐자, 어머니는 아버지 기다리기를 포기하고 환고향을 결정했다. 전선은 북쪽으로 멀리 올라갔고 추위가 닥쳐오고 있었다.

당시 도강증이 없으면 한강을 건너지 못했는데 그 주선은 영진공업사 사장이 어떻게 마련해주었다(경남 진영 출신으로 아버지 고향 친구였던 그분이야말로 불가사의한 소설적 인물이었는데, 남로당 비밀당원 신분으로 전쟁 전에는 남한 사회에서 사업가로 떳떳이 활동했고, 9·28 서울 수복 때는 당을 이탈하여 월북을 택하지 않고 서울에 잔류함으로써 사상 전향에 성공했다. 그분은 우익 단체에 교분이 두터웠다).

누나와 내가 먼저 고향으로 가기로 결정해 길을 나서기로 했다. 옷을 두터이 입고 주먹밥 몇 덩이를 싸서 들고 서울역으로 나섰다. 서울역 광장은 대목 맞은 시장판이었다. 우리는 영진공업사 사장이 마련해 준 도강증이 있어 개찰구를 빠져나갈 수 있었다. 수복된 서울로 올라오는 피란민, 인공 치하 석 달을 서울에서 살아남아 뒤늦게 피란길에 오른 사람들로 승

강장은 북새통이었다. 서울역에 도착한 기차에는 지붕 위까지 사람들이 빼곡히 타고 있었다.

누나와 나는 하행하는 무개차(석탄이나 목재 따위를 실어 나르는 뚜껑 없는 열차)에 오를 수 있었다. 피란민들로 발 딛을 틈이 없었다. 이윽고 기차가 기적을 울리더니 검은 연기를 토하며 천천히 출발했다.

기차는 칙칙폭폭 대며 아주 느린 속도로 달리다 슬그머니 멈춰서다 했다. 철로가 끊어진 지점이나 장애물이 앞을 가로막고 있을 때는 몇 시간 보수를 하곤 다시 출발했다. 사람들은 기차가 정거한 틈을 이용해 찻간에서 내려 용변을 보거나 개울을 찾아 나서 지닌 들통에 물을 길러 왔고, 주위의

사진집에 붙인 글 159

밭에 버려진 배춧잎이나 무 뿌리를 캐오기도 했다. 그러다 기차가 기적 한 번 울리곤 털컹, 하곤 갑자기 출발할 때도 있었다. 그렇게 되어 먹을거리를 구하려 차에서 내린 식구를 놓치는 가족도 있었다. 발을 동동거리며 애통하는 사람에게 옆 사람이, "명이 길면 어디서든 살아있을 거고, 살아 있다면 언젠가는 만나게 될 거"라며 위로하기도 했다. 어쨌든 입 하나 던 셈이었다.

전쟁으로 농사를 짓지 못한 들녘은 황량했고, 더러 철길가에 버려진 시신을 보기도 했다. 무개차간이 한데라 밤이면 추위가 살을 저몄다. 절기가 10월 하순이라 이미 초겨울로 접어들고 있었다. 누울 자리조차 없으니 누나와 나는 꼭 안고 하늘에 뜬 별빛을 보며 서로의 체온으로 밤을 났다.

가장 고통스럽기는 기차가 굴속으로 들어갈 때였다. 석탄의 힘으로 가는 증기기관차가 뿜어내는 매연 탓이었다. 기차가 속력이 느린데다 아무리 코를 막아도 스며드는 석탄 매연을 참아낼 수 없어 모두 기침을 쏟아내며 어질머리를 앓았다. 굴이 길 때는 그 매연에 질식한 갓난애와 병약한 노인도 있었다. 석탄 껌정을 얼굴에 덮어써서 사람들은 모두 깜둥이가 되었으나 먹을 물도 귀한 판에 세수할 물이 따로 있을 리 없었다.

싸가지고 온 주먹밥은 하루를 넘겨 떨어졌는데 기차는 겨우 대전 부근을 통과하고 있었다. 배고픔을 참을 수 없었다. 기차가 멈추면 뛰어내려 물부터 찾았고, 먹는 풀이든 뭐든 뜯어서 씹었다. 철없던 나는 배가 고프다며 밤낮으로 칭얼거렸다고 훗날 누나가 말했다.

 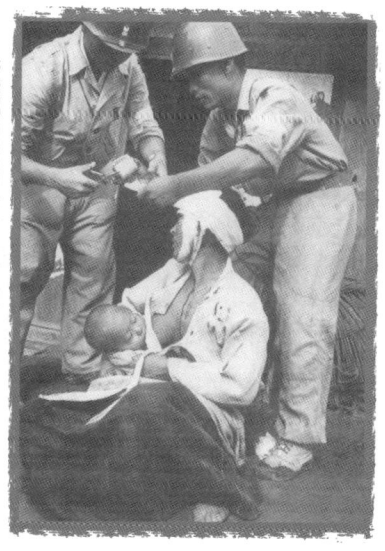

사흘째 맞은 아침에야 기차가 겨우 밀양역을 출발했는데, 고장이 났는지 경부선에서는 가장 길다고 알려진 밀양굴 속에서 기차가 멈추어버렸다. 사람들은 기침을 쏟다가 도저히 더 이상 매연을 참아낼 수 없어 모두 무개차간에서 내렸다. 깜깜한 어둠 속에서 코를 싸쥔 채 앞만 보고 걸었다. 겨우 굴에서 나온 사람들은 기진해 쓰러진 채 기차가 굴을 빠져나오기를 기다렸다.

누나와 나는 삼랑진까지 걷기로 했다. 부산이 종착역이었으나 고향으로 가자면 삼랑진에서 진주선으로 갈아타야 했다. 삼랑진에서 부산이 아닌 마산·진주 쪽으로 가자면 낙동강 철교를 건너야 했고, 낙동역·한림정역을 지나면 진영역이었다. 누나와 나는 사십 리쯤 걸어 삼랑진역에 도착할 동안 배추 뿌리를 캐어 먹고 민가로 찾아 들어 구걸도 했다.

삼랑진역에 도착하니 마산 가는 철교를 미군이 지키고 있어 민간인의 통행이 허락되지 않았다. 누나와 나는 하류로 한 마장을 내려가 강가 민가에서 겨우 밥을 얻어먹고 하룻밤을 났다. 작은 거룻배를 가진 분이 우리 남매를 불쌍히 여겨 낙동강을 건네주었다. 거기서부터 진영까지는 삼십 리가 넘었다.

누나와 나는 철길 따라 하루 낮을 꼬박 걸어 저녁에야 진영 장터에 있는 주막집 울산댁에 도착할 수 있었다.

"저 버썩 마른 까마구 얼굴이 누군공? 희야 하고 일이 아이가? 저 아아들이 부모는 우짜고 둘이서마 고향 찾아 서울서 내리왔는가 보구나."

울산댁이 누나와 나를 보고 놀랐다. 울산댁은 지쳐 쓰러지려는 우리 남매를 거두어 먹을거리부터 내놓았다.

서울에서 내려오며 그때 굶은 기억은 그 뒤 오랫동안 잊히지 않았다. 어머니와 두 남동생은 11월 중순에야 진영에서 다시 만날 수 있었다. 그 뒤 우리 식구가 겪게 되는 고난에 얼룩진 삶의 모양새는 장편소설 『마당 깊은 집』에서 소상히 그렸다. (2006)

제3부

인생과 문학

이인택 씨 내외와 나는 전생에 어떤 인연이 있었기에 그렇게 맺어졌을까? 나를 친손자처럼 받아들여 키워준 두 분이야말로 내 어린 시절 은인이요. 이인택 씨는 내 소년기의 사표(師表)다. 지금도 두 분이 밤하늘에 뜬 별로 지상의 나를 내려다 보고 있으리라 믿는다

문학청년 시절

동리 선생님과의 인연

왜 문학을 하는가?

고향 장터와 울산댁

고통을 선택한 여성
　— 「물방울 하나 떨어지면」의 김금순

문학청년 시절

1

"나의 문학청년 시절"이란 제목의 원고 청탁을 받고 보니 어느 시기부터 어느 기간까지가 문학수업 시절에 해당되는지 나로서는 얼른 감이 잡히지 않는다.

문학을 두고 아직도 나는 배울 게 많고 수련이 더 필요하며, 그런 의미에서 문학이란 바다에서 이 나이까지 무엇을 찾으려 열심히 헤맨다. 결코 겸양의 말이 아니다.

그렇기에 나는 출간된 작품을 틈만 나면 문장을 뜯어고친다. 그렇게 고치고 나면 문장이 잘 정돈된 듯하다. 중·단편 모음집 5권을 개작하여 재출간한 지가 몇 년 전이고, 그 뒤 잇따라 9권짜리 장편소설『늘푸른 소나무』를 두툼한 3권으로 개작 출간했고,『겨울 골짜기』도 세 번째 개정판을 출간했으며 2권짜리『아우라지 가는 길』도 4할 정도 들어내어 한 권으로 개정판을 내려 수정 작업을 마쳐 놓았다. 개작의 경우는 원고량을 줄이는 경우가 대부분이다.

다른 분야도 마찬가지겠으나 문학은 정말 해도 해도 끝이 없어 새 작품을 쓸 때마다 늘 새로운 마음을 가진다. 금광을 캐러 들어가는 광부의 심정이 그럴 것이다. 이는 내 부족함을 내가 알기에 공부가 더 필요하다는 뜻이고, 다른 말로는 문학 수업이 지금도 계속되고 있다는 뜻이기도 하다. 그래서 그런지 예순셋의 지금 나이까지 해마다 신작 한 권씩을 써서 출간하고 있다. 다작인 셈이다.

회갑을 맞은 해, 앞으로 건강이 허락되는 한 새로운 소재를 찾아 매년 한 권 분량씩 소설을 쓰겠다고 마음먹은 뒤, 용케 그 결심을 지켜 온 셈이다. 금년에『푸른 혼』이란 연작소설을 출간하곤 곧 새로운 장편에 착수하여 4백 장 정도 진척시키고 있다. 나는 날마다 일정한 분량을 기계적으로 쓴다.

서론이 길어진 감이 있다. 청탁 의도를 쉽게 생각하기로 하자. 편집자의 의도는 "언제 문학을 하겠다고 결심했으며, 문학의 길로 들어서서 어떤 수련 과정을 거쳤으며, 언제 어떤 작품으로 문단에 나왔느냐"를 묻고 있음이 틀림없다. 그렇게 따진다면, 내 소설이 일간신문에 활자화되었을 때가 24세이므로, 1966년이 문단에 데뷔한 해이다. 그렇다면 문학 수업을 소년기부터 하지 않았으니 청소년기 몇 년간이 문학 수업기에 해당될 것이다.

2

작심하여 문학(글쓰기)을 시작하기가 언제라고 말하면, "당신의 첫 꿈이 무엇이었냐?"고 묻는 경우가 종종 있다. 그럴 때면 쉽게 떨어지는 말이, "그림을 그리고 싶었다"고 대답한다. 나는 초등학교 때부터 그림을 곧잘 그렸다. 미술 시간에 그린 그림이 교실 뒷벽에 붙곤 했다. 그래서 반 애들이나 선생님은, "쟤는 앞으로 화가가 되겠다"고 말하곤 했다. 읍내 초등학교 학업 성적은 늘 중간 정도에서 맴돌았고, 미술이나 국어 성적은 우등생 급이었으나 산수나 체육, 자연 과목은 꼴찌 수준이었다.

우리 연령대가 대충 그렇지만, 나는 가난하게 성장했다. 우리 집안의 경우가 특히 그랬다. 나는 경남 김해시 진영읍 장터에서 태어났다. 이런 짧은 글에서 쉽게 말하자면, 아버지는 외아들로 태어나 좌익 혁명가로 자처한 낭만주의자였고 난봉꾼이었다. 할아버지가 남긴 얼마 안 되는 재산을 탕진한 끝에 전쟁 때 월북함으로써 가족과는 생이별을 했다.

6·25전쟁 전후 한 해를 서울에서 살다 가족은 1951년부터 대구에 정

착했고, 나만 고향에 남겨진 채 주막집 '울산댁'에 얹혀 초등학교를 마쳤다. 외로운 소년기를 보내며 낙서 삼아 그림만 그려댔다. 그 시절 어린 나이에도, '죽는 게 차라리 낫지 않을까' 하고, 희망 없는 나날을 체념하기도 했다.

누나와 아우 둘, 다섯 가족이 단칸 셋방에 살던 대구로 올라온 1954년, 나는 중학교에 입학하자 신문 배달을 시작했다. 역시 취미는 미술이었다. 바느질품을 팔던 어머니가, 집안의 장자로서 하라는 공부는 안 하고 그림만 그려대는 나를 두고, 평생 배곯는 환쟁이질을 때려치우라고 자주 매를 들었다. 평생 집안을 돌보지 않았던 아버지에 대한 화풀이를 내게 쏟아냈던 것이다. 당시 집안 형편으로는 화구 사 댈 돈도 없었다.

하고 싶은 걸 못하게 되자 그림은 그만 그리기로 결정하고 슬며시 다가간 쪽이 글쓰기였다. 고등학교 2학년 때였다(나는 화가가 되지 못한 게 한으로 남아 『김원일의 피카소』란 2천 8백 장짜리 전기를 몇 해 전에 출간하기도 했다).

모든 동기는 우연에서 출발한 경우가 많듯, 16세 무렵에 우연히 토마스 만의 단편소설 「행복에의 의지」를 읽게 되었다. 만이 20세 때 쓴 첫 작품으로 알려져 있다. 전 생애에 걸친 그의 주제였고 중편소설 「토니오와 크뢰거」에서 잘 드러난 예술성과 시민성의 갈등에서, 「행복에의 의지」는 인간이 가진 그 양면성 중 예술성이 현실적으로 패배할 수밖에 없지만, 인간 내면에 잠복한 예술성은 더 큰 세계에서의 사랑과 이해에 이르는 길임을 암시적으로 보여 준 짧은 소설이었다.

　모든 사물의 이해에 늦깎이였던 당시, 어린 내가 시민성이며 예술성의 가치에 대해 뭘 깊이 알았겠냐만, 그 소설이 이상한 감동으로 마음을 울렸다. 자폐에 시달리는 나와 유사한 병을 앓던 주인공의 그늘이 마음을 적셨다. 즉, 냉정한 현실이 심성 여린 자의 숨통을 죌 때 당사자는 스스로 마음의 문을 닫고 패배할 수밖에 없으나 그 패배는 폭력과 증오가 없는 이상향의 동경이라는, 한 줄기 빛이 나를 구원하듯 다가왔다.

　내가 쉽게 받아들이기는, 육식동물의 세계에서 초식동물도 살아남아야 하는 이치를 발견한 셈이다. 어머니가 요구하듯 집안의 기둥으로서 현실 세계로 적극 나서지 못할 바에야(시민성), 막막한 불안과 병든 마음으로 괴로워 할 수밖에 없고(예술성), 그런 정서적 불안감을 글로 표현해도 글감이 될 수 있다는, '문학'이 내 마음을 사로잡았다.

　그제야 나는 내 살 길을 어렴풋이 깨달았다. 문학의 성채가 내 앞에 다가왔다. 나는 그때의 경험을 개안(開眼)이라고 이해한다. 이태 뒤 대학에 들어갔을 때 도스토예프스키의 『카라마조프 집안의 형제들』을 읽게 되자, 나는 다시 그 체험을 확인할 수 있었다.

　어머니 눈에는 문학도 역시 화가처럼 평생 가난을 업으로 삼는 직업 같잖은 소일거리로밖에 비치지 않았다. 경북대학 사범대학에 들어가 졸업해서 선생이 되라고 어머니가 권했다. 농업고등학교 출신으로 나는 그 시험에 합격할 자신이 없었다. 미술을 포기한 마당이니 이번만은 내 고집대로 문학을 하고 싶기도 했다. "글은 선생질하면서도 쓸 수 있지 않느냐"며 어머니가 잡았으나, 나는 문학 공부를 하러 서울로 올라왔다. 1960년이었다.

3

1960년 미아리에 있던 서라벌예술대학(중앙대학교 예술대학 전신) 문예창작과에 입학했다. 초급대학이지만 그 학교가 문학을 제대로 가르친다는 걸 문우로부터 들었던 것이다. 고등학교 3학년 때 닥치는 대로 소설이랍시고 긁적거려 학생 작품 모집이 있다면 투고했는데 더러 뽑히기도 했기에 그 공적으로 장학생에 뽑혔다(1960년 한국일보 신춘문예에 내 소설 「음지(陰地)」가 최종심에서 당선작과 겨루다 떨어진 심사평이 실린 신문 기사가 장학생으로 뽑히는데 도움이 되었다).

한남동에 단짝 동급생 둘과 자취 생활을 시작했다. 이제 둘 다 환갑 전후 나이에 고인이 된 김원두(영화 제작자 겸 소설가)와 양문길(소설가)이었다. 우리 셋은 학교에서도 갑류(甲類) 장학생 3인조로 불리며 김동리 선생의 각별한 총애를 받아 급우들로부터 선망과 시기를 동시에 샀다.

당시 예술대학 분위기가 그랬지만, 나는 18세로 술과 담배부터 배웠다. 강의 듣기는 뒷전이고 친구들 따라 미아리 대폿집과 명동 바닥을 싸돌며 대낮부터 취해 음악감상실을 전전했다. 소심하고 내성적이었던 내가 술이 들어갔다 하면 비로소 말문이 트였다. 퇴폐와 자학이 문청(文靑)의 전용물이듯, 내 서울 생활은 객기로 보낸 허송세월이었다.

이듬해 5·16군사쿠데타가 일어났고, 어영부영하는 사이 학교를 졸업하게 되었다. 그제야 정신을 차리고 보니 지난 2년간의 서울 생활이 허망했다. 친구들이 성균관대·동국대 3학년으로 편입했고, 나도 4년제 대학에 편입하고 싶었으나 집안 형편은 여전히 어려웠다. 대구로 내려가야 단칸 셋방에 끼어 살 게 될 테고 어머니로부터 담뱃값 타내기도 난감했다. 가까운 친구들도 떠난 간이역에서 밤비를 맞는 처량한 신세였다.

서울에 주저앉은 채 가정교사 집에 기거하며 가을을 맞을 동안, 가르칠 애들이 등교해버린 낮에는 할 일이 없었다. 서울에서 맞은 전쟁과 전쟁 전후 고향 이야기를 당시는 단순한 생각으로, 중학 시절에 열독했던 김내성의 『청춘극장』처럼 스케일 크게 써 보겠다며 기고한 게 나중에 대하소설이 된 『불의 제전』 서두였다. 3백 매 가량 진척시키다 서울 생활을 더 배겨낼 수 없어 대구로 내려가니, 그해 전국체육대회가 대구에서 열리고 있었다. 외사촌 형이 도급을 맡은 전매청의 전기 개수 견습공으로 그해 겨울을 보냈다.

이듬해 1963년, 누나와 친구가 마련해준 돈으로 청구대학(영남대학교의 전신) 야간부 국문과에 편입할 수 있었다. 대학신문사에 적을 두자 신문 만든다는 핑계로 수업은 듣지 않고 낮부터 작취미성으로 보냈다. 그즈음부터 알코올 중독 증상을 보였는데, 그해 8월 논산훈련소에 사병으로 입소함으로써 술 마실 기회가 없어 유혹을 넘겼다.

키 176센티미터에 체중이 46킬로그램이라 게토의 유태인 꼴을 방불케 한 내 몸을 본 훈련소 신체검사 판정관이 자선이나 베풀듯, "그 몸으로는 훈련을 받아낼 수 없을 것 같으니 귀가 조치시켜주겠다"고 말했다. 신문사 일도 놓은 마당에, 내가 입대하면 삼 년간 입 하나 던다며 좋아했던 어머니 모습이 떠오르자 차마 귀향할 엄두가 나지 않았다. 아무 질병도 없으며 훈련이 아무리 고되더라도 능히 받아낼 수 있다고 통사정한 끝에 겨우 입대가 허락되었다. 나는 2년 8개월을 최전방 강원도 양구 팔랑리 GP에서 군 생활을 했다.

1966년 2월, 만기제대를 하고 복학하자니 학비가 또 문제였다. 마침 운 좋게 대학신문 편집국장이 입대를 해서 그 자리를 물려받았다. 글재주와 그림 재주가 있었기에 대학신문사에 적을 두어, 1면에서 4면까지 기사 · 논문 · 잡문 · 삽화 · 컷을 가명으로 닥치는 대로 써내고 그려 겨우 첫 등록금을 충당할 수 있었다.

학교 수업이나 문학 수업보다 밤낮 통음으로 날을 보냈다. 당시 누구 말처럼, "쟨 술 때문에 연애할 시간도 없을 걸"이란 말을 들었고, 어릴 때부터 어머니의 엄한 훈육에 진력이 나서 여자라면 치마도 보기 싫었다. 당시 나는 성경을 열심히 읽었고 신부(神父)를 희망하기도 했다. 그래서 그런지 나는 여태 현대판 연애소설이 목록에는 없다.

그해 5월, 가정집은 전화가 귀한 시절이라 전보로, 대구매일신문사에서 집으로 연락이 왔다. 신문사 문화부에 들러 달라는 전달이었다. 신문사로 가보니 내 소설이 '매일문학상(신춘문예 전신)'에 당선되었다는 통보였다. "이름조차 가명으로 응모했는데, 「1961·알제리」란 소설이 진짜 당신 작품이 맞느냐?"고 문화부장이 물었다. 소설 무대가 아프리카 알제리였던 것이다. 심사위원 세 분도 그런 의견이 있어 확인이 필요했기에, 문화부에서는 당선 소설이 외국작품을 베껴낸 게 아닌가 하고 의심한 모양이었다. 나는 내 작품이 틀림없다고 말했다.

나는 대학 학예지 『청구문학』에 습작품 한 편을 싣고 입대했더랬는데, 고인이 된 친구 이상실이 내게는 말도 않고 제 이름에 자기 집 주소로 그 소설을 베껴 신문사에 투고했던 것이다. 신문사에서 이상실에게 당선 사실을 알리자, 그 소설은 자기가 쓴 작품이 아니며 실제 작가는 따로 있다고 나를 지목했던 것이다.

20대 초반 실존주의 문학에 심취해 카뮈의 산문집 『표리』를 끼고 다니며 그 아름다운 번역 문장을 열심히 암송했던 덕분이기도 했지만, 1961년 당시 알제리 민족해방전쟁이 날마다 신문지상에 오르내리던 참이라 그 이국땅을 무대로 소설 한 편을 써보았던 것이다. 1961년이라면 대학 2학년으로 19세 때였다.

4

　여기까지 쓰고 보니 지방 신문을 통해서나마 문단에 처음 이름을 올린 '나의 문학 수업기'의 정리를 대충 마쳤다. 그런데 알갱이가 빠진 셈이다. 읽는 사람이 그 점을 눈치 챘겠지만 "어떻게 문학공부를 했느냐?"에 대한 진술이 없기 때문이다. 문학청년 시절, 멜랑콜리한 문학적 분위기에 들떠서 술이나 퍼지르며 좌충우돌하다 보니 문단 말석에 끼게 되었다는, 하나마나한 객담을 주절거린 꼴이다.

　그런데, 고백컨대 사실이 그러니 어쩔 수 없다. 변명이 아니라 그때까지 나는 반반한 습작품 몇 편 없었고, 그나마 중앙지 신춘문예에서는 번번이 낙방했다. 완독한 외국 명작보다 읽다 던져 버린 소설이 태반이었다. 나는 아직 내가 양서라 추천한 『주홍글씨』『보바리 부인』『전쟁과 평화』『마의 산』『등대로』『율리시즈』『잃어버린 시간을 찾아서』『수용소군도』를 필요한 부분만 골라서 읽었을 뿐 시간을 두고 차분히 첫 쪽부터 마지막 쪽까지 숙독하지 못했다.

　심지어 문학도가 아니라도 젊은 시절 읽게 되는 『데미안』이나 『좁은 문』조차 완독하지 않았다. 일찍부터 진득한 책 읽기의 끈기에 훈련되지 않은 탓이다. 국내 소설도 이광수·김동리·황순원 소설이나 얼추 읽었을까, 읽다만 작품이 태반이다. 어떤 내용이란 것쯤 알고 있다는 게 무슨 독서인가? 내 전공 분야인 소설 읽기가 그럴진대 타 분야의 공부는 할 짬도 없었고, 신문과 잡문 읽기가 고작이었다.

 지방 신문 신춘문예 당선으로 용기를 얻어 쓴 소설이 장편 『어둠의 축제』로, 1967년 현대문학사가 공모한 제1회 장편소설 모집에 준당선으로 뽑혔다. 전깃불이 들어오지 않던 경북 청도군 이서면 이서중학교에 시간 강사 자리를 얻어, 낮에는 중언부언 학생을 가르치고 밤이면 담배 두 갑을 축내가며 기를 쓰고 매달려 완성한 소설이다.

 4·19학생혁명의 열기에 취해 겉멋 들어 보냈던 젊은 한 시절의 객기를 담아 본 소설이었다. 대학생이 들락거리는 가상의 술집 '클럽 아마존'에서 밤마다 술과 재즈에 취해 발광 뜨는 내용이 전부이다. 줄거리도 허황하지만 그런 헐렁한 소설을 준당선에라도 뽑아준 심사위원님들이 고마웠다. 우리말 문법도 서투른 멋 부린 번역 투의 엉터리 문장이라니! 지금 생각해도 얼굴이 화끈하다.

 1968년 가까스로 지방 대학 졸업장을 쥐자 서울로 올라와 출판사에 취직했다. 일 년에 여섯 달이 야근이고 토요일도 오후 6시 퇴근이었다. 목적은 중앙 문단에서 제대로 된 소설을 써 보겠다고 상경했지만 원고 청탁도 없었고, 신생 출판사라 직장 일이 바빠 나는 소극적인 샐러리맨으로 만족했다.

 쥐꼬리만 한 내 '예술성'은 사라지고 생활인으로 열심히 살아야 한다는 '시민성'만이 나를 옥죄었던 것이다. 부양가족이 할머니를 합쳐 다섯에, 결혼을 하자 식구 셋이 불어났으니 딸린 가족이 여덟이었다. 나는 곁눈질하지 않고 열심히 출판사 일에만 몰두했다.

이렇게 살아선 처자식 거느리고 집 장만해서 밥이야 어떻게 먹겠지만 등단만 한 채 소설가로는 종지부를 찍겠다는 걱정이 슬슬 들기 시작한 게 1972년이었다.

나는 1962년에 서두만 쓰다 던져 둔 『불의 제전』의 낡은 원고를 우연히 들추다 앞부분을 잘라내면 단편소설 하나는 건질 수 있겠다 싶었다. 1백 매쯤을 추려 「어둠의 혼」이란 제목을 붙여 당시 이문구 형이 편집장으로 있던 《월간문학》에 작품을 맡겼다. 몇 달 뒤 1973년 1월호에야 소설이 실렸다.

좌익 지식인 아버지가 지서에서 총살당하는 하루 저녁을 배경으로, 어린 아들의 시점을 차용해 이념 문제를 담아 본 소설이었다. 당시 나는 남북 이데올로기 문제에 이론적 기반이 전혀 없었고 어떤 주장을 가지고 있지도 않았다. 나는 우리 집안이 당한 실화를 소설로 꾸며 보았을 뿐이었다("니 애비가 처자슥 내팽게치고 미친 그놈으 사상 쪽은 앞으로 쳐다보지도 말 것이며 평생 처자슥 돌보미 얌전하게 살아야 한다"며 어릴 적부터 당부한 어머니의 간절한 소원도 있었지만, 월북한 아버지 때문에 나는 늘 이념 쪽 문제만은 일종의 공포심을 갖고 있었다).

어쨌든 「어둠의 혼」은 군사 정권 아래 냉전 논리가 지배했던 엄혹한 시절에 어린이의 시점이긴 하지만 좌·우익을 편견 없이 그렸으므로 문단의 주목을 받았다. 신문과 문예지에 작품평과 사진이 실리자 나는 어리둥절

해져 "이게 아닌데…" 싶었고, 적잖이 당황했다.

몇 해 동안 한 건의 청탁도 받아보지 못했는데 「어둠의 혼」을 발표하자 갑자기 원고 청탁서가 밀려들었다. 그해 나는 야근 일에 시달렸으나 밤잠을 아껴가며 소재가 떠오르는 대로 즐겁게 7편의 단편소설을 연달아 발표했다. 그해 말, 발표한 작품을 모아 자비 출판으로 『어둠의 혼』이란 첫 창작집을 내가 근무하던 출판사 이름으로 묶어낼 수 있었다. 내 삶이 '시민성'에서 '예술성'으로 돌아서는 계기가 그렇게 우연찮게 찾아왔던 것이다. '먼저 열심히 소설 쓰기, 다음이 직장 일 매진'으로 내 생활의 순서가 바뀌게 되었다.

앎도 부족하고, 문장도 정확하지 못하고, 소설의 형태 잡기에도 서툰 나의 '문학 수업'은 사실인즉 그때부터가 시작이었다. 1973년이라면 31세였다. 남이야 어떻게 보든, 그 이전은 문학 자체가 좋아 문학판 언저리를 기웃거렸는데, 문학 수업의 길로 들어서기는 1973년부터가 시작이란 게 변함없는 내 생각이다. 나는 문학의 인접 학문 책부터 붙잡았다.

제대로 된 학교를 못 다녔기에 기초를 닦지 못했고, 그나마 공부를 소홀히 했기에 부족한 게 너무 많았다. 한국 근대사와 세계사, 동·서양 고전을 찾아서 들추고, 국내외 소설을 문장 위주로 꼼꼼히 읽기 시작했다. 그동안은 동료 작가의 소설을 별로 읽은 게 없었는데, 평판이 난 소설을 구해서 읽었다. 시간을 쪼개가며 직장 일과 책 읽기, 글쓰기를 병행했다. 머리가 모자란다는 열등의식에 시달렸기에 남보다 배로 근면해야 한다고 나를 담

금질했다.

1981년에 발표한 장편소설 『노을』부터 분단 문제로 화두를 잡자 내 문학의 길이 보였으니, 등단 이후 15년 세월이 걸린 셈이다. 그 결과 오늘에 이르렀다.

이제 등단 40년, 그러나 문학의 길은 그 끝이 보이지 않는다. 생을 마칠 때까지 그럴 것이다. (2005)

동리 선생님과의 인연

선생님 10주기에 부쳐

선생님을 처음 뵌 건 1959년 만 17세 때 여름이다. 당시 대구에서 고교 3학년생이던 나는 서울에 사는 문학 친구 김원두의 권유로 여름방학을 맞자 서울 나들이에 나섰다. 김동리 선생님의 서문을 받아 2인 창작집을 출판해보자고 그가 제안했던 것이다. 나는 그게 가능할지 긴가민가하면서도 친구의 성화가 득달같아 10, 15매짜리 콩트 몇 편과 7, 80매짜리 단편 몇 편을 챙겨 상경해선 그가 다니던 고계고등학교(현 장충고등학교) 교실 한 귀퉁이에 가방을 풀었다. 둘은 학교에서 숙식하며, 책상을 맞대어 놓고 백일장에 나가 경쟁이라도 하듯, 각자 80매짜리 단편 하나를 며칠 만에 써서 써놓은 글에 보태었다.

일주일 후, 우리는 각 400매 정도, 합 800매 원고 뭉치를 들고 서문을 받기 위해 신당동 김동리 선생님 댁을 찾아갔다. 자폐에 가깝게 말까지 더듬던 나로서는 감히 꿈도 꿀 수 없는 일이었는데 김원두는 그 일에 망설임이 없었다. 출판만 되면 베스트셀러는 물론 '떠오르는 별'이 될 수 있다고 호언장담했다. 다분히 돈키호테적인 데가 있던 김원두는 당시 학생 문단의 귀재로 통했다. 각 대학 고교생 작품 모집에는 그가 늘 당선을 도맡았다. 주로 바다를 배경으로 어민들의 생활을 소재로 끌어내는 그의 글 솜씨가 탁월해, 나를 늘 주눅 들게 했다.

김원두와 내가 알게 되기는, 그해 봄 서라벌예대가 모집한 고등학생 작품 모집에 뽑혀 소공동에서 있었던 시상식에서 처음 만났다. 그는 소설 부문 당선이었고, 나는 수필 부문 입선이었다. 내 딴에는 소설이라고 썼는데 수필 부문에 뽑혀 시상식에 참가하면서도 의아해했다. 서로는 이름이 비슷한 데다 나이가 같았다. 그는 경북 구룡포읍 대보 출신으로 거기서 중학교를 마쳐 동향이기도 했다. 둘은 말을 텄고, 그의 제안으로 대구와 서울에 떨어져 공부하더라도 편지를 교환하자고 해서 일주일이 멀다하고 중량 초과로 우편료를 더 물게 되는 편지를 주고받았다. 가을 무렵에는 김원두 주선으로 경주 출신으로 상경해서 교통고등학교에 다니던 문학도 양문길을 편지로 소개받기도 했다.

각 대학의 고교생 작품 모집에 심사와 학생 잡지 《학원》의 문예란 평을 맡고 있던 동리 선생님은 그런 지면을 통해 이름을 기억하고 있어 우리 둘을 따뜻이 맞아주었다. 그날, 더운 날씨라 신당동 집 정원의 나무 그늘 밑 의자에 앉아 담소를 나눴던 기억은 지금도 떠오른다. 나는 얼굴만 숙이고 있었을 뿐, 모든 말은 김원두가 도맡았다. 당신 40대 중반이었던 선생님은 주름살 없는 동안(童顔)의 맑은 얼굴에 혈색이 좋았고, 약간 쉰 구수한 사투리 목소리가 정겹게 느껴졌다. 존경하던 선생님을 감히 면전에서 뵙고 대화를 나눌 수 있다니. 나는 가슴이 뛰어 묻는 말씀에도 대답을 제대로 못했다. 선생님은 고등학생이 창작집을 내겠다니 기특하게 여겼던지, 작품을 읽어본 뒤에 서문을 써주겠다고 약속하셨다.

"방학도 얼매 안 남았고 해서 원일이 야가 대구로 내리가야 하이께 바뿌시더라도 일주일 안에 읽어주시고 서문 잘 좀 써주이소." 김원두가 겁 없이 선생님께 빚 독촉하듯 말했다.

"출판사는 결정됐능가?"

"이입니더. 몇 군데 출판사를 찾아댕길 작정입니더. 선생님 서문만 받으모 출판사야 쉽게 뚫을 수 있습니더."

일주일 후, 나와 김원두는 선생님 집으로 다시 찾아갔다. 정말 선생님은 서문을 써놓고 계셨다. 원고지 댓 장 정도였는데, "장래가 촉망되는 두 김 군은…"이란 내용으로, 칭찬을 많이 해주셨다. 그때 우리는 거실에서 선생님을 뵙게 됐는데 우리가 떠나자 현관문을 손수 열어주고, 마당 질러 철대문까지 따라와 배웅해주셨다. 그 뒤부터 유심히 보게 되었는데, 선생님은 누구에게나 반드시 대문까지 꼭 배웅해줌을 알았다. 엄동 한철에도 겉옷을 따로 걸치지 않고 선걸음에 따라나서서 그러시는 걸 보고, 찾아온 손을 보낼 때는 그 손이 설령 어린아이일지라도 그래야 마땅하다는 범절이 몸에 배었음을 알았다.

감격한 김원두는 선생님 서문과 원고 뭉치를 들고 기고만장하여 나를 뒤에 달고선 명동에 있던 출판사 '인간사' 부터 찾았다. 그 즈음 '인간사'에서 출판한 어느 여고생의 순정 소설이 베스트셀러로 팔리고 있었다. 김원두는 그 소설이 인기를 끄는 데 자극을 받아 나를 끌어들여 출판을 결심한 모양이었다. 시인인 박거형 사장은 원고를 두고 가라며 검토해보겠다고 말했다. 사나흘 된가 출판사를 찾아가니, 박 선생이 "김동리 씨 서문으로 봐서는 단편집을 출판해도 좋을 듯한데, 아직 고등학생 작품이라 판매에는…" 하며 퇴짜를 놓았다. 여기 아니면 출판할 데가 없을라구, 하며 김원두는 당시 『양문문고』를 시리즈로 내던 정동에 있던 '양문사'를 찾아갔다. 그 뒤 다리품 팔며 몇 출판사를 더 들렀으나 역시 퇴짜였다. 방학도 끝날 즈음이라 나는 대구로 내려왔고, 그 후 김원두가 출판을 하려 백방 노력했으나 허사였다. 김원두는 그해 여름, 학교 교실에서 함께 숙식하며 한 달음에 써냈던 「노인과 바다」란 단편으로 《평화신문》 신춘문예에 당선되어 고교생으로 당당히 소설가로 데뷔했다.

이듬해 봄, 건국대학교 고교생 작품 모집에 「닭」이란 김유정류의 토속적인 소설로 당선되었던 김원두는 건국대학교에 특기 장학생으로 입학할 수 있었다. 그러나 우리 셋은 뭉쳐야 한다며 자기는 물론 양문길과 나까지 장학생으로 받아 달라고 청했으나 학교로부터 거절당했다. 김원두는 여기에 실망치 않고 김동리 선생님을 찾아가 보자고 제안했다. 우리 셋은 신당동 선생님 집을 방문해 서라벌예대에 원서를 내겠다고 말했다.

"지도 편모슬하에서 자랐지만, 엄마가 바느질하는 원일이는 물론이고 문길이도 집이 억시기 가난합니더. 경주 시장서 엄마가 장사해서 동생들하고 겨우 밥 묵고 산답니더. 우리 셋은 꼭 장학생이 되야 공부를 계속할 수 있습니더." 김원두가 그 특유의 뱃심과 능변으로 선생님께 매달렸다.

그 결과 선생님 후의로 1960년 우리 셋은 서라벌예술대학에 장학생으로 입학할 수 있었다. 양문길은 고등학교 졸업반인 그해 《조선일보》 신춘문예 소설 부문에 「연기」가 당선 없는 가작 1석으로 뽑혔던 것이다. 나는 한국일보 신춘문예 최종심에 올랐다는 이력만으로 장학생 혜택을 본 셈이니 두 친구 덕분이었다.

신생님 제지기 된 후 2년 동안 특히 기억에 남은 선생님 가르침 중, 좋은 소설을 쓰려면 기독교 신자가 아니라도 신, 구약 『성경』을 숙독하고, 죽음에 대해 깊이 생각해보라는 말씀이었다. 서구 문학작품이 기독교에 바탕을 두고 있으니 성경 공부가 도움이 될 줄은 알았으나 나이 새파란 문학도들에게 죽음에 천착하라는 말씀은 당시로선 잘 납득이 되지 않았다. 그러나 나이 들자 그 말씀의 참 의미가 마음에 닿았고, 내 소설에 설익었을망정 죽음의 문제가 많이 취급되는 소이도 선생님의 그때 그 말씀이 마음 깊이 새겨진 탓이 아닐까 싶다.

김원두가 앞장을 서서 2년 동안 신당동 선생님 집에도 자주 들락거리며 선생님이 권하는 대로 술버릇 가르침을 받고, "너그들 담배 배운 모양인데 내 앞서 피아도 마 괜찮다. 자꾸 밖으로 나가지 마라" 해서 선생님 앞에서 담배까지 함부로 피웠다. 선생님 제자들이 다 그렇게 말하듯이, 선생님 성격은 당신의 문학 세계가 그렇듯 말씀에는 논리가 정연한 데다 거침이 없었고, 호방한 대가 풍모에, 제자들 대하기가 자식 챙기듯 자상한 분이었다. 청년기에 나는 자리에 있는 듯 없는 듯 말수가 적어 누가 말을 건네도 수줍음을 탔고, 바람만 불어도 날려 갈 말라깽이였다. 나는 늘 문단 선배 격인 김원두와 양문길 뒤만 따라 다녔다. 우리 셋은 선생님 사랑을 너무 받아 급우들의 시기를 살 정도였다. 수업 시간도 늘 빼먹고 미아리 술집에서 낮부터 술타령만 하자 2학년 때는, "쟤들이 무슨 장학생 감이냐"며 급우들이 선생님을 찾아가 항의했으나, "내가 쟤들을 공부시키기로 했다"며 그 항의를 묵살했다는 후일담도 있었다.

　서라벌예대를 졸업하고 몇 년 뒤, 대구에서 작취미성으로 지낼 때 선생님이 대구에 문학 강연을 오신다는 소식을 들었다. 대구 역전 군인극장에서 서정주 선생, 조연현 선생과 함께 강연을 마치고 대구의 여러 문인들에게 둘러싸여 나오시는 선생님을 뵙게 되었다. 나는 쭈뼛거리며 선생님 면전에 나서서 인사를 올렸다.

　"니가 원일이 아이가. 나는 니가 죽었든지 우예된 줄 알았다. 니 소식을 물어도 아는 아이들이 없는 데다 학교 댕길 때 몸이 억시기 약했는데⋯.

그래 요새 우예 지내노?"

나는 부끄러워 절만 꾸벅하곤 도망치듯 사람들 사이로 몸을 숨기고 말았다. 사랑을 너무 받았기에 선생님 천으로 문단에 나오는 은혜까지는 입지 않겠다는 시건방진 결심을 했더랬는데, 주야로 술 걸레가 되어 허송세월을 보내고 있었던 것이다.

1967년 《현대문학》 제1회 장편 공모에 준당선으로 나는 가까스로 문단에 발을 내딛었다. 지금 읽어도 부끄러운 번역 투의 설익은 문장에 객기 찬 우스꽝스러운 내용으로 준당선에라도 뽑히게 된 것은 선자 중 한 분이었던 선생님이 응모자인 내 이름을 알아보고 밀었던 덕분일 것이다.

나라는 사람 됨됨이가 사람 많이 모인 데는 잘 나서지 못하는 내성적인 성격에, 버릇도 없고 인사성조차 밝지 않고 무뚝뚝해, 선생님과는 마음 터놓고 정을 나누지 못했다. 살아 계실 동안 '스승의 날'이 되면 직장 근무 중 점심시간에 틈을 내어, 그것도 시너 번 정도 선생님 댁을 찾아뵙고 서둘러 빠져 나온 게 고작이었다. 대면하기가 왠지 부끄러워 선생님이 외출해서 안 계시기를 은근히 바랐고, 한번은 손소희 선생님만 계셔, 우리 집은 먹을 게 많은데 왜 이런 걸 들고 왔냐며, 내게 다른 선물 상자를 안기기까지 했던 적이 있었다. 나는 바깥에서 선생님 술자리나 담소 자리에나마 낀 적이 없었다. 그러다 보니 선생님 여행에 따라 나선 적이 없어 선생님과 찍은 사진이라곤 첫 창작집 『어둠의 혼』 출판기념회에 오셔서 축사를 해주실 때 찍은 사진밖에 없다. 80년대 초, 《서울신문》에서 '스승의 날'을 맞아 특집으로 동리 선생님과의 대담 상대 제자로 나를 동원했기에 신당동 자택에서 사진기자가 찍은 사진이 생각나지만 가지고 있지 않다. 그때도 선생님은 스승과 제자의 관계를 고사(古事)를 통해 들려주었을 뿐 개인적인 말씀은 없으셨고 나 역시 선생님이 베푼 사랑을 두고 아무 말도 꺼낼 수 없었다.

90년대에 손춘익 형이 포항에서 상경하면 이문구 형과 어울려 술을 마시다, 선생님 댁에 인사 가자는데 따라가서 밤늦게까지 술 시간을 가져본 게 몇 차례 된다. 그럴 때 선생님이 우리들 방문을 기뻐하여 갖가지 술을 꺼내어 대작하시며 인생, 문학, 술에 대해 하셨던 말씀이 기억에 남는다. 이제 와서 돌이켜 보니 그 정도가 선생님과 긴 대화 시간을 가져본 유일한 추억이 되고 말았다. 오히려 황순원 선생님과는 경희대 출신 작가들과 어울려 80년대 내내 정기적으로 술자리를 가지며 취중에 노래까지 돌려 부른데 비추어 선생님과는 긴장감 풀어 마음 터놓고 함께 한 시간이 별 없었다. 이는 내가 아버지 없이 자란 장남인데다 17세 어린 나이로 선생님을 뵈올 때 너무 어렵게만 여긴 게, 선생님 대하기가 늘 두려운 어른이란 생각이 뿌리박힌 게 아닐지 모르겠다. 자주 찾아뵙고 인사 드려야지 하는 마음은 늘 뻔했으나 막상 나서려면, 선생님 뵈면 무슨 말을 해야 할지 마음 걱정부터 앞서 주저되었다. 선생님만 생각하면 엄부(嚴父) 대하기가 무섭고 불안해서 피하듯, 스승도 제대로 챙기지 못하는 버르장머리 없는 놈이란 자학이 나를 힐책했다. 그래서 정초에 여러 문우들에 묻혀 가는 세배가 고작이었고 선배들 사이에 끼여 묵묵히 앉았다 돌아오곤 했다.

올해가 선생님이 세상을 떠나신 지 10주년, 세월이 빠르기도 하다. 10대 때 읽고 감동한 나머지 화가의 길을 접고 문학의 길로 들어선 동기가 된 선생님의 작품 「무녀도」 「황토기」 「솔거」 등을 다시 읽어보며 선생님의 너그러웠던 마음을 되새겨 보아야겠다. (2005)

왜 문학을 하는가?

내가 만약 문학의 길로 나서지 않았다면 육십 나이에 접어든 지금 나는 무엇이 되어 있을까? 얼른 떠오르는 직업이 화가다. 초등학교 시절부터 그림 솜씨가 좀 있었기에 어쩜 '이발관 그림' 수준의 화가는 되었을는지 모르겠다. 아니, 가난 때문에 화가의 꿈을 고등학교 때 접었기에 평범한 직장인으로 늙어 지금쯤 명퇴나 정년퇴직 끝에 칩거하는 노년의 길로 들어섰을 것이다.

학창 시절을 회고해 보건대 수학·영어·암기력은 먹통인 대신 예술적 감수성은 조금 있었기에 사회에 나온 뒤 독서, 화집 들추기, 고전음악 듣기는 놀이 삼아 즐겼으리라. 얼마 전 피카소의 삶과 그의 그림에 관한 책을 냈으니, 어쩌면 새로운 분야로 이름 지어진 '문화비평가'가 되었을는지도 모른다.

어쨌든 나는 24세에 소설가로 문단에 발을 들여놓았다. 문학에 뜻을 둔 십대 후반부터 햇수로 따지자면 오늘에 이르기까지 열심히 문학이란 한 우물을 판 셈이다. 그동안 쓴 소설이 권수로 따져 서른 권이 넘으니 적은 분량이 아니다.

돌아보건대 내 딴에는 인기나 매명에 연연하지 않고 열심히 소설을 써 온 셈인데, 그 분량에 비추어 이룬 성과는 보잘 것 없게 여겨진다. 내가 내 소설의 평점을 내릴 때 남들 앞에 "이 작품 정도는 어때?" 하고 자부심을 가지고 내놓을 만한 소설이 없어 그렇다는 말이다. 부족한 공부, 짧은 문장력을 보충하느라 뒤늦게나마 열성을 다했다는 자부심은 갖고 있다.

내 연령층은 8·15해방을 기억하지 못하고 소년 시절에 민족상잔의 전쟁을 겪었다. 농촌 인구가 70프로 넘었던 농경시대에 힘겹게 춘궁기를 넘겼다 보니 가난을 체험하며 성장했다. 둘러보면 주위의 작가 중에 결손가정 출신이 의외로 많다. 그런 이 빠진 가족 구성과 헐벗은 성장기의 경험은 무엇보다 글로 쓰기에 맞춤한 소재임으로 동료 시인이나 작가들 역시 청년기를 맞은 60년대 이후 문학의 길로 나섰을 것이다.

문학가가 되는 길은 재력·인맥·학력에 구애받지 않고, 누구로부터의 배움이 필요 없는 분야이다. 책이 스승이요 종이와 연필만 있으면 살아온 삶의 한 자락을 글로 풀어낼 수 있기 때문이다. 글쟁이들의 가난도 타고

난 팔자 탓이다.

　나는 경상남도 소읍에서 일정한 생업 없이 어영부영 살림을 꾸려갔던 집안의 장남으로 태어났다. 외동아들이었던 아버지는 내가 태어날 때부터 낭만적인 코뮤니스트였다. 어머니와의 불화까지 겹쳐 아버지는 늘 집을 비웠고, 할머니와 어머니, 누나와 나뿐인 집안 분위기는 늘 음습하게 고즈넉했으리라. 1949년에 가족이 서울로 이주했으나 전쟁을 만나 아버지는 단신 월북하고 남은 가족은 낯선 땅 대구에 정착했다. 나만 고향에 남겨져 3년을 보내며 초등학교를 졸업했다.
　읍내 가근방 소작농의 핍진한 삶, 뜨내기 장꾼의 애환을 어린 눈으로 목격한 게 뒷날 내가 문학의 뜻을 두게 된 촉매가 되었다. 나는 고향에서 초등학교를 마치자 1954년에 대구의 가족과 합류했다. 그 뒤 우리 가족은 억척같았던 어머니의 노력으로 어려운 세월을 견뎌냈고, 나는 중학교 때부터 고학을 시작해 대학을 마쳤다. 집안 형편이 공부에만 몰두할 수 없었고, 학교 공부에는 애초 재주가 없기도 했다.
　누구와도 잘 어울리지 못했던 우울증, 잡념 많은 사춘기에 나는 쉽게 문학의 길로 빠져들었다. 문단에 나온 후 처음 내 소설은 극한 상황에 처한 인간의 모습을 실존주의적 수법으로 형상화하는데 매달렸다. 세상에 대한 불만, 그 억하심정의 카타르시스였다. 두 번째 창작집 『오늘 부는 바람』부터 실존주의의 흉내 글인 공허한 외침은 가라앉았으나, 현실성 강한 생산적인 작품을 쓸 체질이 못 됨을 깨달았다. 반공 이데올로기의 현실은 도전할 수 없는 벽처럼 보였다. 그런 겁 많았던 초심이 내 글의 결점임을 알고 있으나 어떤 작위적인 시도도 하지 않았다. 나는 내 마음이 시키는 대로 따랐고, 인간은 제 그릇의 담을 수 있는 양만큼 담게 마련이라고 생각했다.

출판사 편집 일로 직장 생활에 매진하며 소시민으로 열심히 살던 중, 1974년에 발생한 '민청학련' 사건이 터지자 정신이 번쩍 들었다. 신문지상에 그 기사가 대문짝하게 실렸을 때, 한마디로 내게는 충격이었다. 나는 비로소 '당면 현실'을 인식하기 시작했고, 현실을 보다 알기 위해 정치·경제·사회과학 서적을 열심히 탐독했다. 분명 부계(父系) 쪽 피의 작동인 또 다른 욕망이 내 심저에 숨어 있음을 발견했으나 망령처럼 따라다닌 아버지의 공포를 떨쳐내는 데는 실천력을 자제케 했다. 그 후 80년대 후반까지는 딛고 선 생활과 암울한 국내의 정치적 상황과 문학적 실천 사이에서 갈등을 겪은, 심적으로 어려운 시기였다.

1986년에 18년 동안 재직한 출판사를 그만두자 전업 작가로서 글쓰기에 매달려, 내 소년기의 고단한 편린이 깔린 『마당 깊은 집』을 썼다. 그즈음, 진보주의자와 노동 세력의 응집력이 폭발한 현실에서 나는 회의적인 지식인으로 중편소설 「마음의 감옥」을 쓰기도 했고, 현실을 우회하여 다른 출구로 쓴 소설이 일제하 민족 변절자의 자기 정화 과정을 그린 『바람과 강』

이다. 독일의 성장소설(또는 교양소설)에 바탕을 두고 일제하 우리 현실을 이에 적응시켜 본 소설이 『늘푸른 소나무』였다. 글쓰기만을 전업으로 시작한 그때가 가장 많은 소설을 썼던 시기였다.

문학을 시작했을 때, 내 포부는 내가 소년기에 겪은 6·25전쟁을 꼼꼼하게 기록해 보겠다고 작심했던 만큼, 18년에 걸쳐 띄엄띄엄 쓴 끝에 힘들게 완결을 본 긴 소설이 1997년에 완간한 『불의 제전』이다. 이 소설에서 나는 소년기에 서울과 고향에서 겪었던 기억과, 청춘기에 자리 잡은 6·25전쟁에 관한 고정된 관점에서 한 발자국도 움직이지 않은, 그러므로 어느 쪽 이념에도 경도되지 않고 전쟁 전후 내가 겪고 보았던 우리네 삶을 진솔하고 객관적 시점으로 그리려 노력했다. 7권짜리 이 소설은 1950년 그해 10개월간의 우리 민족이 당한 고통의 기록이다.

내가 최근에 쓴 연작소설 『슬픈 시간의 기억』은 젊었을 때 읽었던 서구 작가의 '인식의 흐름' 수법을 치매 과정에 있는 노인들을 매개로 시도해 본 소설로, 역시 내가 즐겨 다룬 일제 치하부터 오늘에 이르기까지 고난의 세월을 살아온 팔순 노인들의 치유되지 못한 '시간의 기억 모음집'에 해당될 것이다.

돌이켜 보건대 내 문학은 지금 이 자리의 현장성보다 6·25 전쟁 전후 내가 살아온 소년기에 큰 줄기를 내리고 있음을 보게 된다. 어쩔 수 없는 나의 한계라 하지 않을 수 없다. 하는 일에 능력껏 최선을 다하지만 인간은 누구나 자신의 한계를 인식하며 산다. 아무리 해도 그 이상에 이를 수 없음을 인정할 때, 내가 여태 해 온 문학은 져 버린 꽃처럼 시들 수밖에 없다. 나는 그런 열등의식에 자주 시달린다. 내가 해 온 문학에 서늘하게 닿는 비애를 달래는 길은 역시 글로써 이를 만회할 수밖에 없음이 자명한 이치이다. 그래서 어머니로부터 물려받은 부지런한 습성대로 숨을 쉬는 한 무슨 일이든 해야 하기에, 쓰는 과정은 고통스럽더라도 소설 쓰기 작업은 여태 손에 익은 분야요 보람 있는 일이라, 지금도 열심히 글을 쓴다.
(2004)

고향 장터와 울산댁

1

사람은 누구나 지각이 눈뜨는 소년기부터 많은 사람을 만난다. 이웃·학교·사회에서 접촉하게 되는 낯선 그들은 내 인생의 성장기에 음으로 양으로 영향을 미친다. 개중에는 성공한 사람도 있고 실패를 겪고 있는 사람도 있다. 그래서 부모는 아직 판단력이 미숙한 자녀에게, 사회적으로 성공한 사람이나 인격적으로 훌륭한 사람을 두고 그런 사람을 본받으라고 말한다. 인생 경영에 실패를 겪고 있는 사람이나 윤리적으로 떳떳치 못한 사람을 두고는 그들의 결점을 지적하며 앞으로 자기 인생 경영에 참고삼아 경계해야 할 점을 일러주기도 한다.

　많은 것을 배우고 깨쳐가는 시기에 '본받을 만한 대상'을 둘 수 있다면 그의 인생 출발은 장래성을 향한 긍정적인 투자를 한 셈이다. 그런 분이 걸은 길을 올곧게 밟고 나아간다면 그 자체가 절반의 성공이다. 아무리 본이 되는 사람이라도 인간은 누구나 한두 군데 결점이 있으니 그 점이 내게 반성의 거울이 된다면 그 역시 나아가는 길에 큰 도움이 될 것이다.

　고향에서의 소년기에 나는 부모 형제가 아닌 두 분으로부터 사랑을 듬뿍 받고 자라 그 은공을 잊지 못한다. 그분들이 내 삶의 지표가 되었다고 말할 수는 없으나 내 인격 형성에 큰 영향을 끼쳤음은 분명하다. 고향 장터에 살던 '울산댁' 내외분이다. 두 분은 저잣거리에 깔린 서민이 그렇듯 한 세월을 이름 없는 들풀로 살다 흩씨가 되어 사라진 한갓 민초였다. 그러나 오늘의 내가 있기까지 두 분은 내 문학 언저리에 한자리를 차지하고, 나는 늘 두 분을 떠올리며 자신을 돌아보곤 한다.

2

　경남 김해 진영 읍내 장터에 이인택(李仁澤)이란 분이 계셨다. 그분 연세는 할아버지뻘로, 먼 친척이었다. 이인택 씨와 촌수를 따지자면 외가 쪽 사돈 집안 어른이었는데, 그분이 주선해서 어머니가 울산 읍내에서 먼 김해 땅까지 시집오게 되었다. 그분의 처인 울산댁은 장터에서 5일장 장날에만 술과 국밥을 파는, 요즘으로 치면 옥호 없는 식당 주모를 겸해 숙박업소를 열고 있었다.

읍내 사람들은 '울산댁'을 택호 겸 옥호로 함께 썼다. "울산댁이 말하더라" 할 때는 택호였고, "울산댁에 가서 막소주 반 되 받아오니라"고 할 때는 옥호였다. 이인택 그분을 두고는 '이인택 씨,' 또는 '이 짝대기(성격이나 자세가 꼿꼿하다 하여)'로 불렀다. 이인택 씨는 울산댁에 얹혀살며 놀고먹는 한량으로 처를 돈벌이에 내세워 놓은 기둥서방 격이었다. 두 분 사이에는 자식이 없었는데, 나는 두 분을 '할부지,' '할무이'라 호칭했다.

부모님이 결혼하기 전 일제 강점기 때, 할아버지가 소방서원의 공직 생활을 접고 읍사무소 옆에 대서방을 차렸던 시절, 장터에서 울산댁과는 담 하나를 사이에 두고 이웃사촌으로 살았다고 했다. 두 집안으로 말하면 김해 땅까지 흘러왔으나 우연찮게도 본향이 울산 쪽으로, 진영은 타관이었다. 나의 조부모님은 울산군 언양면 가천리가 고향이었고, 이인택 씨 내외는 울산 읍내가 고향이었다. 이인택 씨 처의 택호가 '울산댁'이라면 할머니 택호는 '언양댁'이었다.

이인택 씨 내외는 슬하에 자식을 못 두었다보니 아이를 좋아해 고모님 어릴 적엔 양딸로 삼았다고 들었다. 할아버지가 하나 아들 혼례도 못 보고 별세했으나, 장터에서는 이인택 씨 내외와 할머니가 동기간처럼 자별하게 지냈기에 어린 시절 나 역시 그 댁에 자주 놀러 갔으련만 너무 어렸던 탓인지 6·25전쟁이 나기 전의 이인택 씨 내외 모습은 떠오르지 않는다.

1949년 봄 우리 식구는 야반도주하듯 서울로 솔가해 충무로4가에 짐을 풀었다. 먼저 상경한 아버지가 터를 잡고 불렀던 것이다. 내가 읍내 대창초등학교 1학년을 마친 만 7세 때였다. 이듬해 6월에 전쟁이 터졌고 9·28 서울 수복 직전, 장편 『불의 제전』에서 그렸던 대로 긴박한 상황 속에서 아버지만 월북해버려 가족과 헤어지고 말았다. 남은 식구가 서울에서 버텨내기 힘들자, 어머니와 우리 형제 넷은 10월과 11월로 나누어 진영으로 내려왔다. 누나와 내가 일 차로 내려왔는데, 진영에 도착하자 처음 찾은 집이 장터 울산댁이었다.

아버지가 일제 때부터 경남 지방을 무대로 사회주의 노선의 농민운동을 해왔던지라 진영에는 당신을 따랐던 분도 있었지만, 해방 후로는 '빨갱이 고수'란 꼬리표가 붙어 있었다. 전쟁이 나자 아버지 우인들은 불똥이 튈까보아 진영으로 다시 내려온 우리 가족을 외면했고, 어머니는 아버지 행적을 캘 진영지서의 추달을 두려워했다. 농사를 짓지 않았던 집안이지만 상경할 때 알량한 재산마저 정리해버렸기에 가족의 살 길 또한 막막했다. 혈육이라곤 고모 한 분뿐이라 진영에서는 기댈만한 친척이 없었다(일제 초엽, 개화 물결을 타고 서양식 관공서가 생기자 할아버지는 언양면 소방서 소방관으로 취직한 뒤, 경남 각지로 여러 차례 전근을 다녔기에 통영군, 김해군 봉림면을 거쳐 진영읍 소방서로 전근을 왔고, 슬하에 남매를 두었다).

어머니는 고모 댁에 살던 할머니께 나를 맡기고선 세 자식을 달고 친정 쪽 친척이 있던 대구에 정착하기로 하고 그쪽으로 떠났다. 할머니는 불각중에 나를 떠맡게 되자 고모 댁에서 나와 울산댁의 허드레 물건을 넣어두던 골방을 빌려 딴살림을 났다(식구가 서울로 솔가하며 할머니를 모시고 가지 못한 점은, 전쟁 전 한 시절을 할머니는 수리조합 서기였던 고모네 관사에서 외손자 셋을 돌봐주며 살았기에 경찰의 수배자로 늘상 집을 비웠던 아들 따라 상경하기를 마다했다. 고부간 사이가 좋지 않아 할머니는 며느리와 얼굴 맞대고 살기 싫은 점도 작용했을 것이다. 고부간의 그런 해묵은 갈등을 단편 「미망」에서 그렸다).

　1950년 그해 초겨울부터 할머니와 나는 소꿉장난 같은 살림을 시작했다. 2킬로미터 밖 물통걸의 수리조합 관사에 살던 고모로부터 양식을 조달해, 골방에 아궁이가 없다보니 풍로 밥을 지어 먹었다. 전방은 전쟁이 한창인 때라 고모부가 입대해버리자 고모네는 관사를 비워주게 되었다. 고모네가 읍내에서 2킬로미터 떨어진 시댁 주호리(지나리)로 들어가 시집살이를 새로 시작해야 했기에 읍내에 사는 친정엄마 양식 대기가 어려워졌다. 일제 때 한 시절 수재 아들을 마산상업학교까지 보냈던 할머니인지라 남에게는 구차한 말을 하기 싫어해서, 두 식구는 양식거리가 떨어지면 굶고 지냈다. 그러다보니 술 지기미 밥이나 고구마 밥으로 조손(祖孫)이 하루 두 끼 때우기도 힘들었다. 나는 날마다 겨울 빈 들을 헤매며 버려진 나락이나 불쏘시개를 줍고 다녔다.

1950년 겨울과 이듬해 봄을 맞기까지 할머니와 나는 많이 굶었다. 조손이 그렇게 굶고 사는 줄을 이웃은 잘 몰랐고, 할머니는 그 속앓이로 골방에서 나를 붙잡고 자주 우셨다. 냉돌방에서 그해 겨울을 났다. 너무 여위었던 할머니인지라 서로 껴안고 체온으로 몸을 녹일 때 할머니의 앙상한 뼈가 내 살을 찌르던 느낌은 그 뒤 오랫동안 남아 있었다. 울산댁이 그런 우리 조손을 딱하게 여겨 여러모로 도움을 주지 않았다면 그해 겨울 굶어 죽었을지 모른다. 실제로 전쟁 만나 남도까지 흘러와 거적을 쓰고 장터를 떠돌던 피란민 고아가 그해 겨울 굶주림으로 동사하기도 했다.

이듬해인 1951년 해동 무렵, 진영을 다니러 온 어머니께 할머니는, 내 힘으로는 하나 손자마저 거둘 수가 없다며 나를 대구로 데려가라고 말했다. 자기 한 몸은 전처럼 고모 댁에 얹혀 외손자 돌봐주며 살겠다고 했다. 시댁으로 들어갔던 고모님은 새삼스러운 시집살이를 배겨내지 못해 방 한 칸을 얻어 자식 둘을 데리고 읍내로 나와 살고 있었다.

당시 어머니는 누나와 아래아우(작가가 된 원우), 막내아우(원도)를 대구 친척집 문간방에 맡겨두고 시내 어느 가내 양말공장에 부엌때기로 있었기에 나를 데려갈 처지가 못 되었다(뒷날 회상으로, 그 당시가 우리 식구에게는 가장 어려웠던 시기로, 대구 형제는 하루 한 끼니 먹기가 힘들 정도로 굶었다고 했다. 하루는 어머니가 틈을 내어 공장 직공이 먹다 남긴 찌꺼기 밥을 얻어 부대종이에 싸서 친척집 문간방으로 달려갔더니 먹을거리가 떨어져 종일 물 이외 아무 것도 먹지 못한 채 자식들이 늘어져 누웠기에 어머니가 싸간 밥을 풀어놓으며, 전쟁둥이였던 막내아우에겐 물 한 그릇에 밥 한 숟가락을 말아주었더니 밥알 한 톨까지 건져 먹으려 물 한 그릇을 마셔버리더라는 일화를 자주 되새기곤 했다. 유아기의 영양실조 탓인지 시인을 지망했던 막내아우는 25세에 간경화로 타계했고 『김원도 시집』이란 유고집을 남겼다).

나를 데려갈 처지가 못 된 어머니는 이인택 씨 내외에게 나를 국밥집 불목하니 삼아 당분간 맡아주면 그 은공을 잊지 않겠다고 통사정했다. 방 한 칸도 구하지 못한 지금 신세로는 대구 세 자식마저 먹일 처지가 못 되니 앞으로 자리 잡는 대로 나를 데려가겠다는 구구한 설명을 달았음은 물론이다. 한편, 어머니는 아버지의 죽마고우를 따로 찾아가, 집안의 장자를 문맹 상태로 버려둘 수 없으니 나를 읍내 초등학교에 다니게 주선해달라고 부탁했다.

어머니의 읍소가 먹혀들었는지, 꼬챙이처럼 마른 나를 불쌍케 보아서인지, 울산댁 내외가 당분간 나를 맡기로 했다. 그러자 할머니는 잘됐다 싶어 얼른 고모 집으로 가버렸다. 이 사건으로 어머니와 할머니 사이가 더욱 벌어졌고, 뒷날 어머니는 '자기 자신만 챙기는 매정한 사람'이라며 할머니를 험구했다.

중공군까지 껴 붙어 전쟁이 국제전으로 확전된 1951년 그해 봄, 나는 진영대창초등학교에 복학했다. 서울로 전학해 영희초등학교를 다녔으나 전쟁 통에 2학년 수업을 제대로 받지 못했던 나로서는 시골 학교지만 3학년 수업을 제대로 따라갈 수 없었다. 반 애들은 모두 구구셈을 떼었는데 나만 몰라 산수 과목에는 더욱 흥미를 잃었다.

대구 사정이 여의치 않았는지, 몇 달 만에 한번씩 진영에 들르면 내가 울산댁에 얹혀 잘 지내고 있으므로 안심했는지, 어머니는 나를 대구로 데려가겠다는 울산댁 내외와의 약속을 미루었다. 그래서 51년 봄부터 초등학교를 졸업한 54년 3월까지, 3년간을 나는 울산댁에 얹혀살았다. 울산댁 내외는 나를 거두어 졸업할 때까지 학비를 지원했고, 철철이 입성과 신발을 사서 입혔다. 나는 할부지, 할무이로부터 친손자이듯 사랑을 받아 밤이면 두 분 사이에 끼여 잠을 잤다. 내가 두 분에게 얹혀살며 하는 일이라곤 심부름 일과 장날 국솥 아궁이에 불 때기가 고작이었다.

3

이인택 씨는 소싯적 서당 글을 익힌 모양으로 오전이면 안방의 볕 잘 드는 창호지 뒷문 앞에 소반 놓고 도리치고 앉아 윗몸 흔들며 서책을 읽곤 했다. 그분은 『정감록』을 신봉하여, 난세에는 계룡산이 전국 제일의 피세처(避世處)라고 친구와 담소하던 장면이 떠오른다. 이인택 씨는 언행이 신중하고 과묵했고 몸가짐이 발라 결점이 별로 없었다. 겨울철에도 새벽에 일어나 냉수마찰을 하던 일, 늘 의복을 정제했고 아침이면 버선을 신고 바지 대님을 정성껏 매던 모습이 떠오른다.

이인택 씨는 세상 돌아가는 이치에 식견과 판단력이 있어 장터의 송사거리가 생기면 이웃들이 그분에게 자문 역할을 청하곤 했다. 그래서 하찮은 장터 주막 주인임에도 이웃들로부터 허수히 대접받지 않았다. 이발소에서 면도칼로 늘 백고를 쳐 빤질머리였고, 걸을 때는 자세가 곧았다. 사철 활터에 올라 국궁을 했다. 안방 마루 위에는 읍내 사진관에서 찍은, 배우 율 브리너 모습을 닮은 이인택 씨와 넉넉한 할머니상 황정순 씨를 닮은 울산댁 독사진이 나란히 걸려 있었다.

울산댁은 복스럽게 생긴 통통한 얼굴에 몸이 절구통 같은 여장부였다. 정이 많았고 음식 솜씨는 장터에서 제일이라는 소문이 나있었다. 짧고 도톰한 손가락으로 나물을 뽈짝뽈짝 무치면 그 손맛에 모두 감탄했다. 그네는 풍기(風氣)가 있어 머리와 손을 잘게 떨었고, 장죽으로 잎담배를 뻐금거렸다. 장꾼 패거리와 어울려 덜덜 떠는 손으로 소주잔을 거침없이 비우곤 했는데, 슬하에 자식을 두지 못한 한을 두고 넋두리를 늘어놓아도 이인택 씨는 별 말 없이 그 주사를 받아주었다.

울산댁은 그런 서방을 하늘같이 여겨 평소에 서방 앞에서는 언행을 늘 조신했는데, 장날에 번 돈을 꼬박꼬박 영감님께 바쳤다. 장날 저녁, 장사일 마치면 울산댁이 앞치마 주머니를 풀어 놓았다. 이인택 씨는 처가 내어놓는 지폐를 앞뒤 가려 차곡차곡 챙겨 셈하곤 했다. 그분은 돈 갈무리와 치부책 정리가 맡은 소임의 전부였지, 처가 주정꾼과 욕설 퍼지르며 싸울

때에도 절대 나서는 법이 없었다. 울산댁은 술도가·싸전·나뭇단 셈, 찬거리를 볼 때는 필요한 돈을 서방으로부터 타내어 썼다. 당시로서는 보기 힘든 특별한 부부 관계였다.

여기서 한마디 부끄러운 고백을 해야겠다. 안방에는 서랍 달린 앉은뱅이책상 하나가 있었는데, 이인택 씨가 장날 저녁마다 처로부터 받은 돈을 그 책상 서랍 안쪽 칸막이 안에 넣곤 열쇠로 그 서랍을 늘 채워두었다. 어느 날 안방에서 혼자 구슬을 가지고 놀다가 구슬이 책상 밑으로 굴러가서 구슬을 찾으러 책상 밑으로 들어갔다. 그런데 책상 뒤쪽 서랍 위치에서 위로 손을 넣어보니 내 가느다란 손모가지가 위로 뚫린 틈 사이로 서랍장 안에 들어갔다. 나는 쉽게 지폐 몇 장을 훔쳐낼 수 있었다. 나는 그 돈으로 공책도 사고 군것질도 했다. 돈을 훔쳐 뭘 사먹는 게 재미있었다. 세 번 쯤 더 그렇게 책상 밑으로 들어가 지폐 몇 장을 훔쳐내곤 했다. 어느 날 밤, 할부지와 할무이가, 이상하게도 서답 속의 돈이 몇 장씩 빈다는 대화를 나누는 소리를 들었다. 나는 찔끔했다. 이튿날 책상 밑으로 들어가 서랍 안으로 손을 넣어보니 이제 돈을 보관하는 장소가 옮겨졌음이 짚어졌다. 울산댁 내외는 그 일을 두고 한번도 나를 추달한 적이 없었다. 그런 일이 있은 뒤 나는 크게 깨친 바가 있어 다시는 남의 돈(물건)에 손대는 나쁜 버릇이 없어졌다.

울산댁에는 또 한 가구가 함께 살았다. 아래채에 살던 옥이 엄마네 네 식구였다. 옥이 엄마는 '작은 울산댁'으로 불리기도 했는데, 울산댁 친동생이었다. 마누라에 쥐여 살던 옥이 아버지는 장날에 소금 장수를 했고 무싯날에도 장터 사람에게 소금과 간수를 팔았다. 옥이 엄마는 딸 둘을 두었는데 나보다 댓 살 위로 얌전한 옥이 누나와 나 또래로 더펄이 금자였다. 옥이 엄마와 옥이 누나는 울산댁의 장사일은 물론이고 부엌일과 빨래 일, 공동 우물터에서 물을 길러와 대독에 채우는 일을 맡았다. 장터 주변 인구만으로도 수백 가구가 넘었는데, 읍내는 원체 물이 귀했다. 공동 우물터가 선달바우산 아래 한 곳밖에 없어 장터 사람들이 모두 그 물을 길러다 먹었다. 물이 귀하다보니 공동 우물터에 관리인을 두어 하루에 아침과 저녁 한두 시간만 물을 긷게 했다.

  옥이 엄마 식구가 울산댁에 껴 붙어살게 되기는, 이인택 씨 내외가 낯선 진영 땅에 터를 잡자 울산댁은 동기간이 그리워 함께 살자며 울산의 동생 식구를 진영으로 불렀다고 알려져 있었다. 울산댁 내외가 고향인 울산을 떠나 진영까지 흘러들어온 사유에 대해서는 진영 읍내 사람들에겐 수수께끼였는데, 내가 대구 식구와 합쳐진 뒤, 외가로부터 흘려들은 말이 있었다. 울산댁이 새댁 시절, 며느리 미모에 혹한 시아버지가 술김에 며느리 방으로 들어가는 걸 보았다는 소문이 이웃에 퍼지자 그 수모를 견디다 못해 이인택 씨 내외가 그 길로 고향을 떠났다고 했다. 이인택 씨가 정실 자식이 아니었기에 울산댁과 혼례를 올리자마자 고향을 등졌다는 소문도 있었다.

  이인택 씨 내외와 옥이 엄마 식구, 이렇게 두 가정이 한집에 살며 한 솥에 밥 지어 먹었으니 당연히 한 식구였다. 밥을 먹을 때 이인택 씨와 소금장수 옥이 아버지가 한 상을 받았고 돔이나 갈치구이 따위의 고기반찬 가운데 토막은 그 상에만 올랐다. 나머지 식구는 둥글상에 둘러앉아 함께 먹었다. 옥이 엄마가 나를 미워해 밥을 풀 때는 공기 밥그릇에 푸설푸설하게 폈고, 내가 밥 먹을 때 도끼눈을 뜨고 눈총을 주곤 했다. 언니와 형부가 조카딸들보다 나를 끼고 도는 게 눈꼴시었던 것이다. 둥글상에 고기반찬이 올라 내가 눈치 없이 거기에만 젓가락을 대면 옥이 엄마가 냉큼 반찬 그릇을 먼 자리로 옮겨놓았다. "밥 묵을 때 네가 그렇게 눈총을 주이까 애가 살이 안 찐다"며 울산댁이 동생을 타박하곤 했다. 언제부터인가 이인택 씨가, "일이는 남자니 우리 쪽에서 같이 먹자"고 말해, 나는 하루아침에 남자 어른 두 분 밥상의 모서리에 끼어 앉아 함께 먹게 되었다. 옥이 엄마가 이를 시기해 밥을 먹을 때마다 입을 삐쭉거렸으나 형부 엄명이라 어쩔 수가 없었다.

4

인근에서는 규모가 가장 큰 장으로 알려진 진영장은 4일과 9일에 섰다. 장은 윗장·아랫장·쇠장으로 나누어져 섰다. 윗장이 큰 장으로 우리나라에서는 처음으로 단감 묘목이 심어졌다고 알려진 선달바우산 턱밑, 터가 높은 위쪽에 위치했다. 울산댁은 윗장 초입의 목 좋은 자리에 있었다. 읍사무소로 내려가는 극장 앞마당에 목기전·연장전·나무전·나물전이 서는 아랫장이 있었고, 읍사무소 아래 철길 쪽에 쇠장이 따로 섰다.

중부 전선은 치열한 전쟁 중인데도 남도(南道)의 장날은 성시를 이루었다. 장날이면 읍내에서 이십 리 안팎에 살던 근동 농촌 사람이 모두 진영장을 보아 먹었다. 그래서 장날 아침이면 산지사방에서 읍내 장으로 몰려드는 흰옷 무리가 신작로에 긴 띠를 이루었다. 땀 흘려 거둔 농산물을 이고 지고 나오던 순박한 촌사람을 상대로 거간꾼들이 길목을 지키며 농산물을 가로 채려 호시탐탐 노렸다. 노파가 팥 두 되를 이고 나와 팔아서 손자 고무신이나 공책을 장에서 사 갈 수 있었다. 거름지고 장에 간다는 말이 있듯, 내다 팔 것 살 것이 없는데도 빈손으로 장에 나오기도 했다. 사돈을 만나려, 딸이 시집간 동네 사람이 장에 나오면 딸 소식을 물으려, 전쟁 소식을 귀동냥하러, 대장간에 연장을 수리하러, 하다못해 약장수, 광대 구경, 극장 구경, 사람 구경하러 빈손으로 장에 나오기도 했다.

장터란 원래 소문이 빠른 곳인데다 진영이 교통 요충지라 부산과 마산 풍문이 하루가 멀게 흘러들었고, 장터 사람들 또한 닳아빠져 인심이 사나웠다. 초등학교를 졸업하고 가출하는 소년이 흔했고, 아랫장터에 곡마단 패라도 들어오면 바람난 처녀 한둘이 그 패를 따라 보퉁이를 싸서 야반도주하기도 했다. 아랫장터 극장에는 쉬는 날이 없을 정도로 영화나 국극단 패가 들어와 확성기로 틀어대는 최신 유행가 소리가 시끄러웠다. 봄·가을이면 장터 처녀 총각들은 그 노랫소리만 들어도 바람이 나 누가 누구와 붙었다는 소문이 돌았다. 장날 저녁이면 술 취한 장꾼과 장터 토박이 사이에 자릿세 문제로 곧잘 싸움판이 벌어졌고, 장터 건달 청년들이 장에 나온 촌사람들에게 공연히 찍자 붙기도 했다.

울산댁 바깥채 앞은 짚 지붕만 덮은 가건물이 있었고 넓은 평상이 놓여 있어 지나는 객이 쉬어가곤 했다. 선달바우산 감 밭에 핀 감꽃이 장터까지 담백한 향기를 퍼뜨리는 늦봄부터, 장터에 고추잠자리 떼가 분주히 싸대는 초가을까지 장날이면 바깥채 평상에 니은 자로 상을 잇대어놓고 국밥 손님과 술손님을 받았다. 날씨가 추워지면 한데에 손님을 받을 수 없었기에 바깥채 삿자리 방에 손을 받았다.

닷새마다 돌아오는 장날이면 울산댁·옥이 엄마·옥이 누나는 아침부터 바빴다. 안방 아궁이에 걸린 큰 솥에 밥을 지었고, 바깥채 아궁이에 걸린 시 말 치 솥에 국을 끓였다. 쇠고기국은 울산댁이 직접 끓여 제대로 맛을 냈다. 머리 고기·등심살·소피·막창·대창·사골에, 콩나물·무·시래기·대파를 썰어 넣고 고춧가루를 벌겋게 풀어 국물을 푹 우려낸 쇠고기국이었다. 찬으로는 김장김치·열무김치·깍두기에 무채, 두부를 섞은 파래무침, 톳나물 따위가 상에 올랐다. 안주 없이 술만 청할 경우는 술국이 나왔으나 돈 받는 안주로는 가오리찜이나 무침, 겨울철이면 실고추 고명 뿌린 대구찜 토막을 내놓았다.

인근 부락에서 나온 장 보러 나온 장꾼 중에는 이장(里長) 급 정도는 되어야 울산댁에 도포 자락 걷고 앉아 국밥에 술을 청했지 민초들은 감히 울산댁 상머리에 앉지 못했다. 어물전 한 켠에 가면 고기 상자에 엉덩이 걸치고 앉아 고래 고기 두루치기나 상어 토막 볶음을 안주로 사발막걸리나 한 잔 들이켜 끼니를 때우는 먹자판과, 갖가지 떡을 파는 떡 전(廛) 골목이 따로 있어 그곳을 이용했다. 장꾼이 주로 마시는 술은 도가에서 받아온 막걸리였지만 장사꾼은 도수 약한 막걸리가 성에 안 차 소주를 좋아했다. 소주는 양조장에서 독으로 떼어온 막소주로 잔으로 쳐서 계산했다. 잔은 요즘 소주잔보다 허리가 긴 '꼬뿌'였다.

막걸리가 울산댁 바깥채 가겟방은 삿자리 여섯 개를 붙여 깐 제법 큰 방으로 사랑방 구실을 했는데, 무싯날이면 울산댁과 이웃의 사랑방이었다. 국 솥이 걸린 앞쪽으로 통유리창이 있어 바깥채 방에 모인 장터 중늙은이들이 담배질하며 장터를 내왕하는 사람을 두고 이러쿵저러쿵 촌평을 흘렸고, 더러는 낮부터 화투 놀이나 술잔을 기울이기도 했다. 장터 주변의 모든 소문이 그 방에서 풀렸다. 편편히 놀고 지내지만 이인택 씨가 바깥채 삿자리 방에 출입하거나 그런 자리에 끼여 농말을 주고받는 법은 절대 없었으니 늘 독야청청 따로 놀았다. 그렇다고 주색잡기에 빠지거나 여행벽으로 떠돌지도 않았다.

"하계골에 논마지기 착실한 허 첨지 아들은 서울서 대학 공부까지 했는데 전쟁이 나자 인민군에 입대했다가 빨치산이 되서 고향에 몰래 내리와 뒷산 토굴에 숨어 있었는데, 이틀걸이 김 첨지 마누래가 산으로 들밥을 이고 가는 기 이상해서 이장이 몰래 뒤를 밟았다가 들킸다 카데요…."

장날 하계리에서 넘어온 사람이 들려준 이런 소문을 울산댁은 서방에게 전해주곤 했다.

진영장 전날에는 이튿날 전 자리 벌릴 단골 장사꾼들이 바깥채 삿자리 방에서 잠을 잤다. 이를테면 여인숙의 합숙방인 셈이었다. 그들은 주로 포목 장수・옷 장수였는데 낙동강 강 마을 수산(하남) 가는 길목에 있는 4킬로미터 밖 가술장에서 장사를 한 뒤, 이효석의 「메밀꽃 필 무렵」처럼 어스름 밤길 도와 등짐 지고 진영장까지 걸어와 울산댁 바깥채에서 들메끈을 풀었던 것이다. 하룻밤을 삿자리 깐 방에서 어울려 자는 등짐장수는 보통 예닐곱 명 정도였는데, 그들은 이튿날 포목전에서 포장 치고 전을 벌렸다. 그들은 잠자는 방 값을 따로 내지 않았다. 이튿날 울산댁에서 아침밥부터 저녁밥까지 팔아주는 식대로 벌충했다. 진영 장날 어스름 녘에 장사 전을 거두면 다시 국밥에 술 한잔 길치곤 읍내에서 6킬로미터 떨어진 한림정장으로 밤길 도와 출발했다. '홀아비 속옷에 이가 서 말'이란 말이 있듯 겨울밤에 그들이 삿자리 방 호롱불 밑에 머리 맞대고 모여 앉아 홀랑 벗고 이를 잡던 풍경은 가관이었다(읍내에 전깃불이 들어왔으나 당시는 전시라 초저녁에 잠시만 전등이 켜졌다).

나는 담배 연기 자욱한 바깥채 방에 끼어 앉아 술추렴과 함께 장돌뱅이들이 풀어놓는 이야기를 밤이 깊도록 엿듣곤 했다. 날마다 엄청난 전사자가 속출하던 북쪽 전선 이야기며, 지리산 쪽 빨치산 이야기며, 부산으로 몰려든 피란민들 일화며, 그들은 세상 돌아가는 형편에 모르는 것이 없었다. 한림정 해룡사에 빨치산 몇이 나타났다는 근동 소식도 전했다. 그 흥미진진한 이야기는 내 상상력을 경이의 넓은 세계로 이끌었다. 나는 그들을 통해 세상 물정을 어렴풋이나마 귀동냥했고 장돌뱅이들의 설움을 새길 수 있었다. 그러나 이인택 씨는 일체 장삿꾼들을 상대하지 않았다.

전쟁이 나자 피란 내려와 임시 거처를 정했거나 무슨 장사를 해보려 장터에 주저앉은 장사치를 제외하고, 읍내에 오래 산 어른들 대부분은 내가 아무개 아들임을 누구나 잘 알고 있었다. 학교 선생님들은 더 잘 알았다. 개중에는 한 시절 아버지를 존경하여 따랐던 선생들도 있었다. 그러나 전쟁이 나자 빨갱이라면 인간의 탈을 쓴 살인광으로 인식되던 터라, 울산댁에 얹혀사는 내가 아무개 아들이니 같이 어울려 놀면 안 된다며 제 자식을 단속하는 부모마저 있었다.

나는 할부지와 할무이의 사랑은 받았으나 장터에서는 고아나 마찬가지여서 늘 외톨이로 돌렸다. 어릴 적부터 몸이 약하고 수줍음을 많이 탔으므로 성격이 더욱 내성적으로 변했다. 피란 나오다 부모 잃은 거지 아이처럼 장터 주변을 혼자 배회하기 일쑤였다. 감 밭으로 덮인 야트막한 선달바우산에 올라 진영들 건너 멀리로 흐르는 낙동강을 바라보며 대구에 사는 형제가 그리워 울기도 했다. 바깥으로 싸돌다 끼니때가 되어야 슬그머니 울산댁을 찾곤 했다. 한편으로 누구의 간섭도 받지 않는 내놓은 아이였다.

내가 다닌 대창초등학교는 남학생 두 반에 여학생이 한 반이었는데, 나는 책과 공책조차 제대로 갖추지 않아 공부는 뒷전이었고 학업 성적도 늘 중간을 밑돌았다. 잡념이 많아 수업 시간 중에도 멍하니 있다 선생의 지적을 자주 받았다. 학교 선생들에게는, 학생이 장터에 산다면 닳아빠져 영악해 말 잘 안 듣고 싸움 잘하는 말썽꾸러기로 통했다. 장터에서 보고 배우는 것이 그랬기에 장터 애들은 빤드러웠다. 장터 애들은 어리석은 외톨이인 나를 단체 놀이에 잘 끼워주지도 않았다. 그러나 형제와 떨어져 어디정 붙일 데 없다보니 동무들이 따돌리고 내쳐도 늘 그들 뒤를 따르며 궂은 심부름을 도맡았다. 장터 아이들은 학교에만 갔다 오면 책보 팽개치고 딱지치기 · 구슬치기 · 공기놀이 · 땅따먹기로 하루해가 짧을 지경이었다. 여름철이면 낙동강까지 나가 멱을 감고, 웅덩이 물을 퍼내 고기를 잡았고, 단감 서리와 참외 서리를 즐겼다. 사철 널려있는 앞들과 뒷산이 온통 아이늘의 놀이터였다.

저녁밥 먹고 나면 날마다 장터로 밤마을을 나가 어른들의 전쟁을 흉내 낸 '식놀이'로 자정까지 노느라 시간을 보내곤 했다. '식놀이'란 편을 갈라 상대편을 체포하는 일종의 숨바꼭질로, 당시 남도 지방 아이들 세계에 유행했다. 나이 든 상급생 둘이 편 갈라 대장을 맡으면 가위 바위 보로 자기편을 한 명씩 선발했는데, 아무 쪽에서도 나를 뽑지 않다가 짝을 맞추기 위해 끄트머리로 뽑곤 했다. 그러면 두 편으로 갈라 각기 진지를 만들고 흩어져선 적당한 은폐물 뒤에 숨어있다 적병이 나타나면 총 쏘는 시늉으로 "식!"하고 외쳐, 상대가 열 발 이내에 들어오면 그를 체포하여 아군 진지로 데려오는 놀이였다. 그 놀이에 홀렸다 집으로 돌아오면 울산댁 대문에 빗장이 질려 있기 일쑤여서 아래채에 살던 옥이 엄마네 식구가 문을 열어주곤 했다. 내가 그렇게 농땡이 쳐도 울산댁 내외는 부모 떨어져 크는 나를 불쌍케 여겨 꾸중조차 하지 않았다.

1952년 후반부터 대구 시내에 단칸방을 세 얻은 어머니는 바느질 일로 자리 잡자 몇 달에 한 번씩 나를 보러 진영으로 왔다. 올 때는 빈손이 아니었고 대구 능금을 싸게 받아 진영장에 넘겼다. 내 옷도 손수 만들어 왔다 (어머니는 따로 배우지도 않았는데 눈썰미 하나로 익힌 침선 솜씨가 차츰 알려져 나중에는 대구의 일류 요정 기녀들은 물론, 초창기 미스코리아 선발 대회에 대구 미녀가 많이 뽑혔는데 그녀들이 대회장에 입을 한복을 어머니께 맞추어가기도 했다. 내 경우는 고등학교를 졸업할 때까지 속옷은 물론 교복조차 어머니가 만든 옷을 입고 다녔다).

어머니가 진영으로 올 때는 선물을 마련해오곤 했는데, 어머니가 만든 울산댁 내외의 속옷이나, 비단 옷감을 가위질하고 남은 자투리 천으로 만든 대님·목도리·돈주머니 따위였다. 진영으로 온 어머니는 내 학교 공부 성적과 이웃으로부터 평소의 내 행실을 듣곤, 여러 이유를 대어 '사람 되라'고 실컷 매타작을 놓고 가기가 일쑤였다. "인간 안 될라모 차라리 이 나이에 죽는 기 났다"며 잔소리와 매질이 어떤 때는 한없이 이어져, 울산댁으로부터, "제 자식이지만 어떻게 그토록 모질게 패냐"며 핀잔 받을 정도였다. "식구와 떨어져 살아 간섭 안 받는다고 니 성적 꼬라지가 그기 머꼬," "니는 애비 없는 집안으 장남인데, 에비 닮을라고 장돌뱅 아아들과 어울리 노나?" "앞으로 울산댁 할부지 할무이 은공을 잊으모 사람새끼가 아이다." 따위의 사설에 따른 과수댁의 한풀이 매질이었다. 그래서 어머니가 진영으로 온 날은 나는 공포에 질렸다(어머니가 음력설을 앞두고 고향으로 내려와 나를 겨울철에만 문을 여는 읍내에 하나뿐인 공중목욕탕의 여탕으로 데려가 몸을 씻겨주는 내용은 중편소설 「깨끗한 몸」을 통해 묘사하기도 했다).

1953년 초겨울, 내가 초등학교 5학년 때 이인택 씨는 환갑을 앞둔 연세로 갑자기 별세했다. 그날도 나는 장터 아이들과 어울려 '식놀이'를 하느라 밤이 깊어서야 울산댁으로 돌아왔다. 빗장 질린 대문을 옥이 누나가 열어주었다. 평소 내 행실을 좋지 않게 보던 옥이 엄마 눈에 그날 밤은 찍히고 말았다. 옥이 엄마가 위채 언니네 내외가 들으라고, "형부와 성가(언니)는 친손주도 아인 비르묵은 아아를 와 그래 끼고 도는지 모르겠다"며, "밤마실 잦은 늠은 지 에미가 와서 패더키 다리 몽댕이가 뽈가지도록 쎄게 다라야 한다"고 소리쳤다.

이인택 씨가 그 말을 듣자 마루로 나서서, "처제가 이 애 밥 한술 믹이 줬냐"며, 웬 간섭이냐고 불같이 화를 냈다. 나는 마당서 서서 어쩔 줄 모른 채 떨고 있었다. 그때, 이인택 씨가 숨을 몰아 쉬더니 마루에서 그만 쓰러지고 말았다. 숨길이 막혔는지 숨을 제대로 쉬지 못했다. 위채와 아래채 사람이 몰려나와 쓰러진 이인택 씨를 에워쌌는데, 할부지는 미처 손쓸 틈도 없이 그 길로 숨을 거두고 말았다. 질식사가 오 분 정도였으니 병원으로 업고 갈 틈도 없었다. 서방을 하늘같이 모셨던 울산댁의 통곡이 터졌다. 나 역시 겁에 질려 훌쩍거리고만 있었다. 할부지의 죽음은 나로 하여 빚어진 사단이었다.

해소기가 조금 있었을까, 평소 건강에 이상이 없던 분이라 이인택 씨의 돌연사에 장터 사람 모두가 놀랐고, 그 죽음을 안타까워했다.

궂은 날씨 탓으로 4일장으로 장례가 치러질 동안 나는 친손자로 상주 노릇을 했다. 그래서 안방의 병풍 뒤 호청으로 덮어놓은 시신에서 풍기는 시취를 실컷 맡았다. 날이 갈수록 냄새가 심해졌다. 날씨가 추운데도 문상객을 받으며 음식을 만드느라 아궁이에 불을 지펴 방바닥이 쩔쩔 끓었기 때문이었다. 나흘 동안 울산댁은 곡기를 끊고 아침부터 술에 취한 채 내내 방성통곡했다. 뚱뚱한 몸으로 방바닥을 치며 울다 자진할 때만이 곡성이 끊겼다.

철없던 나는, 할부지 같은 훌륭한 분이 왜 책에 이름을 남기지 못한 채 돌아가셨는지 서운했고, 이런 훌륭한 분은 앞으로 반드시 교과서에 실리게 될 거라고 믿었다. 그 철석같은 믿음은 초등학교를 졸업할 때까지 변함이 없어, 진짜배기 사람을 제대로 알아보지 못하는 세상이 원망스러웠다. 할부지를 살아생전 다시 볼 수 없음이 너무 섭섭하고 억울해서 세상 살기가 싫었을 정도였다.

　이인택 씨 꽃상여가 장터를 나서던 날은 날씨가 좋지 않았다. 을씨년스럽게 춥고 겨울비까지 추줄추줄 내렸다. 장지는 읍내 장터에서 3킬로미터쯤 떨어진 본산리 넘어 다시 1.5킬로미터, 가산리 야트막한 동산이었다. 언덕 아래 이인택 씨가 소작으로 내어준 2백 평 남짓한 논이 있었다. 가산리에 살던 작인이 장날에 읍내로 나오면 이인택 씨가, 자신이 죽으면 그 논 위 동산에 묘를 세워달라고 말해두었던 것이다.

　나도 지우산을 쓰고 덜덜 떨며 상주 노릇을 하느라 상여를 앞장서서 장지까지 따라갔다. 그럴 때 문득 뒤돌아보니 상여 앞에 얹어둔 할부지 사진 액자에 상여 꽃에서 떨어진 색색의 꽃물이 사진을 얼룩지우는 것을 보았다. 할부지 얼굴 위로 색색의 물이 흘러내리는 모습이 더욱 슬픔을 자아냈고, 한편으로 할부지 모습이 이상하게 비쳤다. 나는 이를 기억했다가 그 장면을 장편소설『바람과 강』의 마지막 대목인, 주인공 이인태 씨의 출상 장면에 그대로 묘사했다.

　이인택 씨가 별세한 뒤 장터에서는 통 크고 처신 당당하던 울산댁 기세가 한풀 꺾였다. 이인택 씨가 식당 일에 손끝 하나 거들지 않았으나 그분 살았을 때와 계시지 않을 때가 판이했다. 내가 6학년 올라갔을 때 간디스토마로 얼굴이 늘 납색이었던 옥이 아버지가 별세하자 울산댁 자매는 장날 식당업에만 매달렸다. 그러나 식당업도 예전 같지 못했다.

　울산댁은 내가 대구로 떠날 때까지, 할부지가 돌아가신 그날 밤의 내

밤마을을 두고 지나치는 말로나마 나를 원망하지 않았고, 나는 늘 울산댁 옆자리에서 잠을 잤다. 옆자리에 할부지가 없었을 뿐이었고, 할무이의 술과 담배질이 늘었을 뿐이었다.

어릴 적부터 미술에는 약간 소질이 있었는데, 문학에 뜻을 두기가 고등학교 3학년 봄부터였다. 초등학교를 졸업하고 진영을 떠났지만 중·고등학교 시절에 방학 때면 읍사무소 옆에 양복점을 내고 있던 고모 댁에 다녀가곤 했기에 고향은 내 의식에 늘 자리하고 있었다. 그래서 장터만 떠올리면 글감은 무궁무진했다. 5일장을 보아먹던 앞 들판에 촘촘히 널린 마을과 선달바우산 넘어 하계리 산골 사람의 삶을 글 소재로 끌어들였다. 나는 고향 장터를 소재로 15매 전후의 짧은 소설을 써서 『학원』지 문예란에 투고했다. 당시 선자(選者)가 김동리 선생이어서 자주 뽑혀 발표되었다.

훗날 소설가가 된 뒤 나는 고향 장터에서 국밥 장사를 했던 울산댁 내외를 소설에 자주 등장시켰다. 소설에서도 사실 그대로, 장날을 맞으면 바깥채를 개방해서 국밥과 술을 파는 내외로 내세웠다. 장편 『불의 제전』에서는 장날 국밥집 울산댁을 '감나무집'이라 칭했고, 이인택 씨 내외를 실재와 닮은 모습 그대로 '안천총'과 '감나무댁'으로 등장시켰다. 소설 속의 두 사람 성격이 살아있었다면 모델이 있었기 때문일 것이다.

장편 『바람과 강』에서는 5일장이 서는 경북 영일군 죽장면 입암장에 '월포옥'이란 식당을 설정하고 주모를 '월포댁'으로, 기둥서방을 '이인태'로 등장시켰다. 실재 울산댁과 이인택 씨를 조금 다른 인물로 변용시켜 그렸으나 장터 풍경은 진영 장터에서 따왔다.

단편 「어둠의 혼」에 장터 국밥집의 '이모부'와 '이모'도 실제 이인택 씨 내외분의 모습에서 따왔다. 그 외 여러 단편에서 장터걸 분위기를 그렸고 장꾼을 등장시켰으며 장터 주막을 무대로 사용했으니, 어린 시절 진영 장터야말로 내 문학의 가뭄을 모르던 옹달샘이었다. 윌리엄 포크너의 상상의 문학 공간 요크나파토파가 내 경우는 고향 장터였다.

5

1971년 봄, 서울에서 직장 생활을 하고 있었지만 결혼식은 대구에서 치렀다. 어머니와 아우가 살던 우리 집과 처가가 대구였기 때문이다. 신혼여행으로 제주도를 다녀올 때 나와 처는 대구비행장이 아닌, 김해비행장에 내렸다. 십 수 년 만에 진영 땅을 밟기로 했는데, 이번 기회가 아니면 울산댁 할무이를 살아생전 못 뵈올 것 같아서였다. 나는 고모로부터 장터에서 이제 식당업도 손 놓고 조카딸(금자)에게 얹혀 늙마를 보낸다는 울산댁 소식을 듣고 있었기 때문이다.

대학 1학년 여름방학 때 진영에 다녀갔으니, 십 수 년이 흐른 뒤 고향을 찾았으나 장터는 예전 그대로였고 변한 게 없었다. 초등학교 때는 그렇게 넓었던 장터가 유치원 운동장만 하게 작아 보였다. 초등학교 시절은 가족과 떨어져 살았기에 설움 많이 받았던 고향이라 고향 사람들 눈을 피해 숨고 싶은 심정이었다. 누구네 자식이라고 돌아서서 쑤군거릴 소리가 귓전에 들리듯 했다.

나는 울산댁 내의 한 벌과 양말 몇 켤레를 사고 술을 좋아 하시기에 정종 병을 샀다. 칠순을 넘긴 울산댁이 처음은 양복 입은 나를 알아보지 못했다. 처와 함께 절을 하고나자 그제야 내 손을 붙잡고, "죽기 전에 니가 날 찾아왔구나" 하며 덜덜 떨며 눈물을 훔쳤다. 옥이 누나는 울산의 어느 상처한 홀아비에게 시집가버렸고, 몇 해 전 옥이 엄마는 별세했다고 한다. 나 또래 금자 내외가 울산댁을 모시고 살고 있었다. 금자가 울산댁을 임종까지 수발들기로 하고 큰 장터에서는 요지인 울산댁 집을 넘겨받기로 약조가 된 모양이었다. 울산댁은 내가 사간 정종을 사발 잔으로 받았다. 심하게 떠는 손으로 찬 정종을 꿀꺽꿀꺽 들이켜며 어린 시절에 거두었던 나를 회상했다.

진영에 머문 두 시간 남짓한 시간이 울산댁과의 마지막 만남이었다. 두 해 뒤인가, 울산댁은 이인택 할부지 묘 옆에 나란히 묻혔다는 소식을 풍문으로 들었다. 몇 해 뒤 금자도 슬하에 자식 하나 못 둔 채 젊은 나이에 세상을 떴다고 했다.

울산댁 내외와 나는 전생에 어떤 인연이 있었기에 그렇게 맺어졌을까?

나를 친손자처럼 받아들여 키워준 두 분이야말로 내 어린 시절 은인이요, 이인택 씨는 내 소년기의 사표(師表)였다. 지금도 두 분이 밤하늘에 뜬 별로 지상의 나를 내려다보고 있으리라 믿는다. (2007)

고통을 선택한 여성

「물방울 하나 떨어지면」의 김금순

작가는 아무리 상상력을 동원한다 해도 궁극적으로는 자기 자신의 이야기를 쓰게 마련이라, 자기가 살고 있는 시대와 지나온 환경에 절대적인 영향을 받는다. 나 역시 그 범주에서 예외는 아니다. 젊을 때부터 있어온 불안 심리와 염세증이 나이 들면서 고질적인 우울증으로 발전하여 무기력증에 시달려온 나날이었고, 그것을 이기는 출구가 집필에 매달리기였다.

나는 청년기를 넘길 동안 지독한 가난과 정신적 학대 속에서 보냈기에 자폐 청년이 될 수밖에 없었다. 그래서 그런지 내 문학이 걸어온 길을 돌이켜보면 인간이 당하는 '고통'의 문제에 유달리 집착해왔음이 짚인다. 인간의 기본적인 '행복'을 열심히 따라잡으려 노력해도 자신의 의지와 상관없이 불행 속에 내동댕이쳐져 고통의 심연에서 근근이 생활을 이어갈 수밖에 없을 때, 삶은 모순이고 비극이다.

우리 가족은 전쟁을 통해 그런 유형의 고통을 당했고, 휴전 후 10여 년을 가족이 그 고통을 지고 가위눌림 당하며 살았다. 세상살이의 유일한 출구로 보였던 소설가가 되고 난 뒤, 전쟁으로 고통 받는 가족이 내 소설 속에 테마로 자리 잡을 수밖에 없었던 점도 거기서 연유한다 하겠다.

내가 종교를 가지면서부터 고통 받는 사람을 주인공으로 하여, 고통 받는 사람과 함께하는 협력자를 등장시키기 시작한 것은 자연스러운 문학적 이행의 결과였다. 장편 『늘푸른 소나무』의 석주율이 그런 인물이다. 그는 타인이 당하는 고통의 짐을 자신이 대신 지고 묵묵히 걸어간 인물이다. 그렇다고 그는 선지자나 영웅이 아니었고 주위에서 흔히 볼 수 있는 보통 사람보다 오히려 연약한 인간이었다. 그의 장점이라면 정직과 겸손, 인내심이었다. 중편 「마음의 감옥」도 그런 내 생각이 여물어져 나온 소설이다. 주인공은 빈민운동에 자신을 내던졌고 그 결과 죽음을 맞지만, 나는 이를 패배라 인정하지 않는다.

고통 받는 사람과 공동체 삶을 이루어 그들의 고통을 대신 지겠다고 할 때, 그런 의인은 스스로 많은 역경(고통)을 이겨내지 않으면 안 된다. 선(善)을 향한 노력, 그 힘이 어디에서 나올까를 두고 나는 늘 생각해왔다. 이를 소설로 만들 때, 선 자체에 무조건 굴복하지 않고 그 필연성에 내가 납득할 수 있어야 하고, 독자가 이를 수긍하게 되기까지는 내 의지만이 아닌, 그 어떤 힘이 내 영감을 도와야 한다고 생각했다. 그렇다고 전적으로 그 영감에 의지할 수는 없겠지만 내 노력에 그 힘이 보태어지지 않고는 진척이 어렵다. 쓰면서 계속 의문에 부닥치기 때문이다.

종교인이나 성현이 아니라면, 이타(利他) 정신만으로 자신을 희생하는 삶은 쉽지 않다. 그런 삶을 소설이란 그릇에 담자면 자칫 위인전기류의 속성에 빠질 가능성이 농후하다. 오늘의 독자는 소설을 통해 교과서에 나오는 그런 인물의 지난한 삶을 따라가는 데 심리적으로 부담감을 느낀다. 결론이 뻔하고, 결론에 이르러서 작가가 하고 싶은 말을 독자는 미리 눈치채기 때문이다. "인생을 어떻게 살아야 참된 삶인 줄 이 소설을 통해 깨달았지?" 작가가 도덕 선생처럼 설교 끝에 던질 질문을 독자는 책을 덮기 전에 감 잡을 수 있기 때문이다.

한편, 그런 내용이라면 구태여 소설을 읽지 않고도 접할 수 있는 영화나 읽을거리가 주위에 흔하게 널려 있다. 얼마 전 케이블티브이에서 재상영한 〈아라비아의 로렌스〉를 세 번째 보았는데, 실존 인물이 모델이 된 그런 주인공의 행적이야말로 타인(또는 약소국가의 독립)을 위해 스스로 고통을 극복해나가는 과정이 감동적이었다. 자신이 간여하지 않아도 될 상황을 스스로 선택하여 고통을 받아들여선 타인에게 고통을 극복할 수 있는 용기를 보여주는 그 자세야말로 예수의 생애, 그 한 단면을 보는 듯했다. 역경을 극복해서 성공한 사람의 전기가 쏟아져 나오고, 테레사 수녀와 같이 이타 정신으로 평생을 헌신한 분들의 전기를 읽으면, 소설이 아닌 실화이기에 그 전달력이 훨씬 생생하다.

이 시대를 물구나무서서 바라보는 이단아, 평범한 사람의 독특한 체험담, 사랑과 이별의 감미로움, 미각과 섹스의 즐거움, 내가 펼칠 수 없는 무대를 찾아나서는 신기한 경험담을 독자는 듣고 싶어 하며, 그런 주인공을 나와 일체화시키는 데 독서의 흥미를 느낀다. 그나마 21세기로 넘어오며 활자 문화는 영상 매체에 의해 그동안 누려온 부동의 위치가 흔들린다는 소리가 요란하다.

이런 소비 풍조 시대에 그래도 소설을 찾는 사람은 아직 많다. 그들은 독서를 통해 생의 단맛, 작가가 안내하는 경이의 세계를 따라가며 삼매에 빠져 보려 한다. 그런 독자에게 무거운 주제인 고통의 문제를 다루어, 이런 인생도 있으니 작가가 던지는 쓸개즙을 빨아보라고 한다면, 이는 그나마 독자로 하여금 소설과 멀어지게 할 것이다. 그러나 일반 독자의 기호야 어쨌든, 읽히지 않든, 필리지 않든, 작가는 자기가 쓰고 싶은 소설을 쓸 수밖에 없다. 그 외로운 길을 작가가 선택했다면 이는 '운명'이라고 말할 수밖에 없기도 하다.

이 세상을 살며 누구보다도 고통을 만성적으로 경험하는 사람은 장애인이다. 육신을 정상인처럼 사용할 수 없는 신체장애인의 경우도 그렇지만, 정신이 정상인에 못 따라가는 정신장애인의 경우는 그 고통이 배가된다. 그의 정신이 정상적이지 못함으로써 본인의 장애조차 느끼지 못한다는 순진성이 우리를 슬프게 한다.

　세상이 이렇게 타락할 수 있느냐고 어느 시대나 개탄하지만 배금사상과 물질 만능의 오늘의 시대야말로 정말 '눈 뜬 채 코 베이기 알맞은 세상이다.' 장애인을 자식으로 둔 부모는 '내 죽고 나면 저 애를 누가 보살펴 주느냐'를 생각하면 잠을 이루지 못하고, 죽어서도 눈을 감을 수 없다. 사회보장제도가 발달된 나라는 신체나 정신이 정상적이지 못한 장애인을 국가가 나서서 보호해준다지만, 우리나라의 경우 현실적 사정은 그렇게 간단하지만은 않다. 압축 경제 성장은 외형적 발전에 필요한 부분에만 돈을 쏟아 부을 뿐 사회에서 소외된 채 방치된 장애인들은 행정편의주의에 밀려 관심권 밖이다.

　장애인 아들을 키워오며, 장애인도 몸과 마음이 조금 불편할 뿐 일반인과 다를 바가 없음을 나 자신이 안다. 그러나 세상은 그렇게 받아들이지 않는다. 장애인을 위한 공동체 시설이 동네에 들어서면 혐오 시설이라 하여 피켓을 들고 나서는 현실이다. 차별 받는 장애인의 행복권을 찾아주기 위해 피켓을 드는 심정으로 장애인의 고통에 대해 소설을 써야 한다는 생각은 오래 전부터 가져왔다.

　사르트르가 말했듯, 소설이 사회를 개선시키는 데는 말단 관리보다 못하지만, 이런 부분에서 사회가 개선되어야 한다는 점을 세상에 알려 공감대를 끌어내는 데는 효과가 있다. 그런 점에서 나는 초기작부터 곁가지로 장애인 문제를 끼워 넣기도 했지만, 장편 『아우라지 가는 길』, 단편 「미화원」은 장애인 문제를 본격적으로 다루어 본 소설이다. 장편에서의 주인공 마시우와 단편에서의 주인공 종수는 자폐 청소년이다. 머리가 아둔해 정상인처럼 생각하고 생활할 수는 없으나 어린아이처럼 선량한 인간이다. 그들이 이 삭막하고 비정한 도시 사회에서 피해자가 될 때, 그런 장애인을 도와주는 사람의 인간애를 그려 보고 싶어 쓴 소설이다.

한 가지 생각에 침잠하다 보면 이런저런 이야깃거리가 따라온다. 좀 더 다른 방법으로 장애인 문제에 접근해볼 수 없을까 하고 생각하다가 떠오른 소재가, 정상인보다도 오히려 순도가 높은 똑똑한 처녀가 식물인간이나 다를 바 없는 1급 장애인을 신랑으로 맞아 결혼한다는, 요즘 세상에서는 그 확률이 아주 희박한 내용을 착상하게 되었다. 그것이 가능할까? 작가는 남들이 불가능하다고 의심하는 데서부터, 그 의심을 의심하며 출발해서 그 의심을 풀어주어, 가능할 수도 있다고 믿게 하는 데 역량을 경주한다. 소설의 매력은 '허구의 진실'에 있기에 이 세속 사회에 돈이 되지 않는, 별 전망 없는 직업인 줄 알면서도 기를 쓰고 덤벼드는 속칭 '본격문학' 작가라는 소수의 부류가 있다. 나도 그런 작가로 40년을 문필업에 종사하고 있다. 중편 「물방울 하나 떨어지면」의 집필은 그렇게 시작되었다.

소설을 쓸 때, 줄거리조차 채 갖추지 못했지만 확실한 소재가 떠올랐는데도 나는 이를 다잡아 챙기지 못하고 늘 미적거린다. 우선 소재를 내 것으로 장악하지 못해 자신이 없기도 하지만, 오래 뜸 들이기는 나의 집필

버릇이다. 창작 욕구, 다른 말로 하자면 '열망'이나 '충동'이 나를 사로잡기를 기다린다고나 할까. 그렇게 시간을 보낸 뒤, 이제 써야지 하고 집필에 들어갈 때도 전체적인 줄거리는 잡히지 않은 상태에서, 써가며 차츰 줄거리에 살을 붙여 만드는 경우가 태반이다.

이번 경우도 주인공의 이력, 즉 '과거' 부분을 먼저 써 놓고 작품이 끝나갈 때 주인공의 '현재' 부분을 짜깁기해서 '과거' 사이사이에 끼워 넣었으니, 처음부터 계획대로 쓰인 소설이 아니다. 그러나 집필에 들어가면 일사천리로, '시작이 반'이란 말대로 원고지 2, 3백 장의 중편 분량은 한 달 남짓 만에 끝을 낸다. 물론 열 차례쯤 추고를 해도 직성이 풀리지 않은 채 원고를 잡지사에 넘기게 되지만, 아침부터 저녁까지 열성적으로 매달린다. 이 점은 '글 욕심'이다. 그런 욕심이 내 문학을 지탱시켜주는 힘이기도 하다.

김금순이란 평범한 이름의 주인공을 설정하게 되기까지는 아무래도 에밀리 브론테의 이미지가 영향을 주었기 때문일 것이다. 사실 나는 세계 명작 『폭풍의 언덕』조차 영화로 보았을 뿐 소설로는 읽지 못했다. 그러나 왠지 에밀리 브론테는 세상의 영화와 담을 쌓은 유폐된 공간에 외롭게 사는 청교도적인 모습으로 떠오른다. 스스로 세속적인 삶을 등진 채 자신을 유폐시킨 '어두운 정열을 간직한 이지적 여성'이 아닐까 여겨지고, 그녀의 소설도 그러려니 짐작된다. 내 생각에 오차가 있든 말든, 나는 그 이미지를 붙잡고 김금순의 생각을 따라가기로 작정하고 집필에 열을 올렸다.

홀로서기를 통해 가족이란 울타리에서 해방되어 자신의 욕망을 성취하려는 여성이 늘어나는 추세지만, 대부분의 여성은 결혼해서 행복한 가정을 이루기를 소망한다. 그러나 그런 평범하고 소박한 희망 사항조차 자기에게는 해당되지 않을 것 같은 선입견으로, 정상적인 결혼을 진작 단념해버린 여성도 있을 수 있다.

만약 부모의 정을 모르고 자란 고아 출신이라면 성장하면서 잃어버린 가정이란 애정 공동체를 자기야말로 반드시 복원해보겠다는 욕망에 사로잡히거나, 정반대로 가정으로부터 버림받았기에 그 어두운 기억으로 하여 가정이란 울타리 자체를 혐오하거나 그 소망을 포기해버릴 수도 있다.

한편, 정상적인 부부 관계를 통해 아기를 낳는다는 모성 본능조차 이를 생래적으로 거부할 경우, 이는 부모로부터 버림받은 어릴 때의 상처가 그 원인일 수도 있다. 섹스마저 혐오의 대상으로 치부할 때는 소녀 시절에 당한 성폭행의 상처가 남성 기피증으로 밀진되었을 확률이 높다.

도스토예프스키 문학이 톨스토이에 못 미치는 한 부분이 있다면 여성의 심리를 묘사하는 데 아무래도 떨어진다는 견해를 읽은 적이 있다. 도스토예프스키도 소냐나 그루젱카 같은 여성을 창조했지만 톨스토이의 『안나 카레니나』에서 보여준 여주인공의 심리묘사는 압권이다. 위대한 작가에 나의 예를 끼워 넣는 결례를 범했지만, 나 역시 여성을 묘사하는 데는 별 자신이 없다. 작가에게는 누구나 취약한 부분이 있게 마련이고 이를 감추려 해도 독자는 알아챈다.

「물방울 하나 떨어지면」을 집필하며 나는 김금순이란 여성을 묘사하는 데 심한 자괴감을 느낀 것도 사실이다. '네가 그런 여자의 심리를 알면 얼마나 알겠느냐' 란 힐책이 내 마음속에서 끊임없이 쏟아졌다. 수족을 움직일 수 없고, 휠체어에 의지하여 평생을 살아야 하며, 말조차 할 수 없는, 지능지수 50 정도의 1급 장애인을 평생 배필로 선택한다는 여성의 경우는 사실상 가능하지 않다. 장애인이 비록 물질적으로는 넉넉한 처지에 있다 하더라도 전적으로 그 점에 현혹되지 않고, 그가 당하는 고통의 짐을 내가 평생 지고 가겠다고 결심하기까지, 이런 이타 정신은 어떤 여성이든 선택에 앞서 망설여진다. 비정상적이거나 병적인, 특별한 성격의 소유자나 가능한 일이다.

나는 김금순이란 여주인공을 남의 고통을 도와주는 보조자로서, 이를테면 자원봉사자에 만족하는 정도로 그리고 싶지는 않았다. 세속 사회의 추한 욕망을 일찍이 체험함으로써 그로부터 일탈하여 자기만의 성채를 만들고 싶어 하는 아집 센 여성의 모습을 먼저 보여주고 싶었다. 자기 속에서 끊임없이 샘솟는 자비와 사랑으로써 타인을 위해 헌신한다는 그 착한 행함 속에도, 그 내면을 은밀하게 분석하면 나만이 그런 일을 할 수 있다는 이기적 욕망이나 자만심이 숨어 있지 않을까? 그녀의 '조건 없는 사랑의 실천' 에 무조건 동의할 일이 아니라 일말의 그런 의심도 작가이기에 당연히 품어볼 수 있는 의문이다. 그러나 그 점까지 집요하게 추적할 만큼 나는 냉혹한 관찰자가 되고 싶지 않았다. 다만 사디즘이라고 말해야 할지,

고통당하는 자를 위해 자신이 스스로 고통에 인내하겠다는, '이기적 엔도르핀'으로 똘똘 뭉쳐진 특별한 여성을 그려보려 했다.

　행복은, 모든 사람이 원하는 그럴듯한 행복과 다른 곳에 숨어 있을 수 있고, 그 숨겨진 행복이 진짜 행복일는지 모른다. 김금순은 남이 기피하는 자기만의 그 행복을 찾아 나선 것이다. 그러기 위해 김금순이란 여성을 이지적인 차가운 여성으로 만들어야 했고, 건조체로 그녀를 객관화시켜 외피를 싸야만 한 인물이 오롯이 떠오를 것 같았다. 문장이야말로 문학의 기본적 생명이 아닌가. 초고에서 문장의 물기를 빼어 햇살에 바싹 말리느라 깎아낸 분량이 아마 원고지로 3, 40장쯤은 되리라.

　힘들게 쓰인 작품일수록 기억에 오래 남는다. 작가는 힘들여 쓰는 데 그만큼 보람도 느낀다. 원고지 350장 정도의 「물방울 하나 떨어지면」도 그런 작품이다. (2004)

■ 끝에 붙인 글

  세 번째 산문집이었던 『마추픽추로 가는 길』을 낸 지가 10년이 훨씬 넘었다. 그 뒤 여러 잡지사나 신문사 청탁에 응하여 쓴 산문이 적지 않았으나 챙겨놓지 않았거나, 묵혀두었다.
  작년 가을에 병고를 치르고 나서, 금년에 들자, 남기고 싶은 글 삼아 써본 게 「고향 장터와 울산댁」이란 90장 정도의 소년 시절 자전이다. 마침 손정순 사장이 산문집 출간을 제의해 왔기에 그 글을 기둥 삼아 책을 묶기로 했다.
  시사적인 글을 빼고 추려 모으니, 전체적으로 산만하고 같은 이야기가 반복되는 자전적 내용이 많다. 누군가 말했듯 산문(수필)이란 생각과 관찰로 풀어내기보다 경험에서 우러난 글에 울림이 있다는 말을 자위 삼아본다. 한 소설가의 체험 섞인 글이 읽는 이에게 조그마한 마음의 양식이라도 될런지 모르겠다.
  산문집 제목 그대로, 예순 중턱에서 지난날을 되돌아본 기억에 남겨진 풍경들이다.

2007년 첫여름

김원일

기억의 풍경들

2007년 6월 15일 초판 1쇄 인쇄
2007년 6월 22일 초판 1쇄 발행

지은이 | 김원일
펴낸이 | 孫貞順
펴낸곳 | 도서출판 작가
　　　　서울 서대문구 북아현3동 1-1278 (우120-866)
　　　　전화 | 365-8111~2 팩스 | 365-8110
　　　　이메일 | morebook@morebook.co.kr
　　　　홈페이지 | www.morebook.co.kr
　　　　등록번호 | 제13-630호(2000. 2. 9.)

편집 | 이현호 곽대영
디자인 | 박은정
영업 | 손원대 설동근
관리 | 이용승

ISBN 978-89-89251-60-6 (03810)

* 잘못된 책은 구입하신 서점에서 바꾸어 드립니다.
* 지은이와의 협의 하에 인지를 붙이지 않습니다.

값 9,500원